Georges Duby

Guillaume
le Maréchal

ou

Le meilleur chevalier
du monde

Fayard

Georges Duby est professeur au Collège de France. Il a été en France le meilleur analyste des trois ordres de la société médiévale. Auteur du *Temps des Cathédrales* et de *L'Europe au Moyen Âge,* il a su faire découvrir à un large public les réalités et les rêves du monde féodal.

Dans *Guillaume le Maréchal,* il nous fait les spectateurs privilégiés de l'art du tournoi, des rites de la guerre, et les compagnons de cette société d'hommes rudes et généreux qui rivalisent de prouesse, de largesse et de loyauté.

1

Le comte Maréchal n'en peut plus. La charge maintenant l'écrase. Trois ans plus tôt, quand on le pressait d'assumer la régence, quand il finit de guerre lasse par accepter, devenant « gardien et maître » de l'enfant roi et de tout le royaume d'Angleterre, il l'avait bien dit, répété : « *Je suis trop vieux, faible et tout démantibulé* ». Quatre-vingts ans passés, disait-il. Il exagérait un peu, ne sachant pas très bien son âge. Mais qui le savait à l'époque ? Dans la vie, l'importance allait à d'autres dates que celle de la naissance. On oubliait celle-ci. Et les grands vieillards étaient si rares qu'on les vieillissait, qu'ils se vieillissaient encore. D'ailleurs, nous ne savons pas, nous non plus, exactement quand Guillaume le Maréchal est né. Les historiens ont calculé, supputé ; ils proposent : aux alentours de 1145. Sans préciser davantage. Le Maréchal sort de trop bas pour qu'ils le puissent, à coups d'archives. Alors que, dans l'année dont je parle à présent, en 1219, la fortune l'a porté si haut qu'il est possible de suivre, jour après jour ou presque, ses derniers faits, ses derniers gestes.

Il était resté vert très longtemps. On l'avait vu le 20 mai 1217 se battre dans Lincoln comme un jeune avec les jeunes. Trois mois plus tard il avait encore

fallu le retenir : ne prétendait-il pas suivre les
marins de Sandwich à l'abordage de la flotte de
France? Mais, à la Chandeleur de 1219, tout d'un
coup, il s'affaissa. Il sentait cela venir, et depuis
quelque temps, sans rien dire, il se préparait à sa
dernière aventure. Il était revenu séjourner un
moment dans le château de Marlborough, le lieu
peut-être de sa petite enfance. Le 7 mars, il est à
Westminster et de là, « *chevauchant avec sa douleur* », gagne la Tour de Londres, comme pour se
blottir derrière les murs du vieux repaire royal. Il
se couche. Le Carême commence tout juste. Peut-
on rêver d'un meilleur temps pour souffrir, accepter son mal, l'endurer en rémission de ses fautes et
se purifier lentement, posément, avant le grand
passage? La comtesse est auprès de lui, comme
toujours. Lorsque la maladie empire, lorsque les
médecins avouent qu'ils renoncent, Guillaume fait
venir à lui tous ceux qui, dès qu'il sortait de son
privé, lui faisaient escorte. Naturellement. Nécessai-
rement. Quand donc fut-il jamais seul? Qui se
montre seul au début du XIIIᵉ siècle, sinon les
insensés, les possédés, les marginaux que l'on tra-
que? L'ordre du monde requiert que chacun
demeure enserré dans un tissu de solidarités,
d'amitiés, dans un corps. Guillaume convoque ceux
qui constituent le corps dont il est la tête. Un
groupe d'hommes. Ses hommes : les chevaliers de
sa maison; et puis l'aîné de ses fils. Il lui faut cet
environnement nombreux pour le grand spectacle
qui va commencer, celui de la mort princière. Dès
qu'ils sont là pour former le cortège, il ordonne
qu'on l'emmène. Chez lui, dit-il, il souffrira plus à
l'aise. Mieux vaut mourir chez soi qu'ailleurs. Qu'on
le conduise à Caversham, dans son propre manoir.
Il en possède beaucoup, mais c'est celui-ci qu'il

choisit car il est, du côté du pays natal, le plus proche, le plus accessible. Plus question de chevaucher : la Tamise. Elle y conduit. Donc, le 16 mars, le comte Guillaume est « *atourné* » par les siens dans une barque, sa femme dans une autre qui suit, et l'on met à la rame, doucement, sans ahan, en caravane.

Dès l'arrivée, son premier soin est de se libérer du fardeau qui lui pèse. L'homme dont le trépas approche doit en effet se défaire peu à peu de tout, et d'abord abandonner les honneurs du siècle. Premier acte, première cérémonie de renoncement. Ostentatoire, comme vont l'être tous les actes qui suivront, car les belles morts en ce temps sont des fêtes, elles se déploient comme sur un théâtre devant quantité de spectateurs, quantité d'auditeurs attentifs à toutes les postures, à toutes les paroles, attendant du mourant qu'il manifeste ce qu'il vaut, qu'il parle, qu'il agisse selon son rang, qu'il laisse un dernier exemple de vertu à ceux qui lui survivront. Chacun, de cette façon, quittant le monde, a le devoir d'aider une dernière fois à raffermir cette morale qui fait tenir debout le corps social, se succéder les générations dans la régularité qui plaît à Dieu. Et nous, qui ne savons plus ce qu'est la mort somptueuse, nous qui cachons la mort, qui la taisons, l'évacuons au plus vite comme une affaire gênante, nous pour qui la bonne mort doit être solitaire, rapide, discrète, profitons de ce que la grandeur où le Maréchal est parvenu le place à nos yeux dans une lumière exceptionnellement vive, et suivons pas à pas, dans les détails de son déroulement, le rituel de la mort à l'ancienne, laquelle n'était pas dérobade, sortie furtive, mais lente approche, réglée, gouvernée, prélude, trans-

fert solennel d'un état dans un autre état, supérieur, transition aussi publique que l'étaient les
noces, aussi majestueuse que l'entrée des rois dans
leurs bonnes villes. La mort que nous avons perdue
et qui, peut-être bien, nous manque.

*

La fonction dont le Maréchal moribond se trouve
encore investi est d'un poids tel que tous ceux qui
comptent dans l'Etat doivent de leurs yeux voir
comment il la résigne, ce qu'il en fait. Le roi, bien
sûr, le légat du pape aussi – puisque Rome, en ce
premier quart du XIIIᵉ siècle, considère que le
royaume d'Angleterre est sous sa protection, son
contrôle – le grand justicier d'Angleterre, mais
encore tout le haut baronnage. Une foule, qui pour
cela s'est rassemblée. Elle ne tiendrait pas à l'intérieur du manoir de Caversham. Elle campe sur
l'autre berge, à Reading, dans le grand monastère
royal et tout autour. Guillaume ne peut bouger de
son lit. Il faut donc que les plus importants du
royaume traversent le fleuve, se rendent à son
chevet. Le 8 ou le 9 avril, ils sont entrés dans la
chambre, accompagnant un garçon de douze ans,
Henri le petit roi. C'est cet enfant que, de sa
couche, le Maréchal commence par haranguer, s'ex-
cusant de ne pouvoir le tenir plus longtemps en sa
garde, développant un discours moral, ce discours
que, selon les rites, les pères doivent tenir sur leur
lit de mort à leur fils aîné, l'héritier. Guillaume
admoneste l'enfant, l'engage à bien vivre, priant
Dieu, dit-il, de le faire tôt disparaître si par malheur
il devenait félon comme le furent, hélas, certains de
ses aïeux. Et toute la compagnie répond amen. Le
Maréchal alors la renvoie. Il n'est pas prêt. Il a

10

besoin de la nuit pour choisir qui lui succédera comme gardien. Il veut écarter l'évêque de Winchester, bouillant, qui tout à l'heure se cramponnait à l'adolescent, qui s'imagine le tenir ferme puisque, en 1216, le Maréchal lui a confié, comme en sous-traitance, le garçon trop frêle alors pour suivre le régent dans des chevauchées incessantes, et qui maintenant le voudrait tout à fait pour lui seul. Guillaume veut réfléchir, prendre conseil, de son fils, de sa gent, de ses plus intimes. En famille, en privé, il décide : il y a trop de rivalités aujourd'hui dans le pays. S'il remettait Henri, troisième du nom, à l'un, les autres en auraient dépit, et ce serait de nouveau la guerre. Lui seul, de tous les barons, avait l'autorité qu'il fallait. Qui pourrait prendre sa place ? Dieu, tout simplement. Dieu et le pape. A eux donc, il baillera le roi – c'est-à-dire au légat qui tient lieu de celui-ci, de celui-là en Angleterre.

Ce qu'il fait le lendemain, toujours couché, mais se relevant sur le côté, le plus haut qu'il peut, appelant le roi près de lui, le prenant d'abord dans sa main, puis le mettant dans la main du légat, ordonnant enfin à son fils de passer la Tamise, d'aller à Reading, où se tient dans son entier la cour, pour, en son nom, devant tout le monde, repoussant l'évêque de Winchester qui s'acharne, qui s'agrippe encore au cou de l'enfant couronné, répéter le geste de mains qui vient d'être fait, ce signe très simple, bien visible, ce rite de dévestiture et d'investiture par quoi le changement de possession s'accomplit.

Le voilà soulagé. Le soir, il parle de nouveau, dit les mots qu'il faut dire. Voici ses propres paroles, du moins celles dont le souvenir fut recueilli plus tard, après sa mort, dans la maison, celles que l'on jugeait dignes de sa gloire : « *Je suis déjà délivré. Mais il sied que j'aille plus loin, que je m'occupe de mon âme, puisque mon corps est en péril, que, vous m'écoutant, j'achève de me libérer de toutes choses terriennes pour ne plus penser qu'aux célestes.* » Tel est bien le cours prescrit. Il faut se débarrasser peu à peu de son corps comme d'une défroque inutile, et de tout ce qui tient à la chair, à la terre. L'homme qui meurt doit mettre son ultime effort à se délester afin de s'élever plus vite et plus haut. C'est de cela en effet, de décoller, de monter, qu'il s'agit. Il convient au mourant, à l'instant de l'*exitus*, de l'issue, de se présenter nu, comme il est sorti du ventre de sa mère. Pour une re-naissance. A la vie nouvelle, de meilleur prix. A cette naissance-ci, la mort, compte beaucoup plus que l'autre. Sa date, en chaque biographie, à l'époque où vivait Guillaume le Maréchal, était, de toutes, la plus solidement fixée dans les mémoires.

Le dépouillement se poursuit. Maintenant que le Maréchal a laissé tomber l'office public, on attend qu'il ouvre sa main plus grande et lâche ce qu'elle tient encore, ses biens privés, toutes ses terres. Les spectateurs, les auditeurs attendent la seconde scène du premier acte, celle de la distribution, du partage de l'héritage. Que le mort « saisisse » le vif, c'est-à-dire qu'il mette en « saisine », en possession, ceux des vivants qui ont un droit sur ce qu'il a jusqu'à présent possédé après l'avoir lui-même reçu d'autrui. Point de gestes cette fois. L'assistance ne suit pas des yeux un objet passant d'une main dans une autre. Elle écoute. Elle engrange des mots dans le souvenir pour les répéter plus tard, s'il en est besoin. Guillaume, à voix forte, dit sa volonté. En fait, il est très peu libre. Chacun sait à peu près ce qui doit revenir à tel ou tel conformément à la

coutume, cette loi non écrite, aussi astreignante
que les codes les plus rigides. La règle est d'ailleurs
très simple : il n'y a qu'un seul héritier « naturel »,
l'homme en qui le défunt survivra, qui porte le
même nom que lui, Guillaume, le Maréchal, *junior* :
son fils aîné. A ce titre, parce qu'il est un garçon et
qu'il naquit le premier, il aurait droit à tout. Car il
lui revient d'occuper auprès de sa mère la place
que son père auprès d'elle va bientôt cesser d'occuper, de la protéger, contre les autres et contre
elle-même, de gérer ses biens. A son épouse, en
effet, qui elle aussi écoute, Guillaume le Vieux ne
lègue rien. Il ne le peut pas. Tout ce qu'il possédait
ou presque, et dont il se dépouille, appartient à
cette femme, vient des ancêtres de cette femme, et
il ne l'a jamais tenu qu'au nom de celle-ci, « de son
chef ». Ces biens immenses, l'aîné des fils les tiendra à son tour jusqu'à ce qu'elle meure, en qualité
d'héritier légitime.

Il a cependant quatre frères et cinq sœurs. On ne
voit pas que les autres garçons soient présents. Il
est sûr, en tout cas, que le plus âgé, Richard, se
trouve alors très loin, en France, et dans l'autre
camp, à la cour de Philippe Auguste. L'auditoire
apprend que ce second fils reçoit une part de la
succession, un assez beau morceau, la seigneurie de
Longueville en Normandie, pour laquelle naguère
Guillaume, son père, a fait hommage au Capétien.
C'est une faveur, mais qu'il est bon de lui accorder
afin de le contenter, qu'il se tienne tranquille, et
qu'il n'aille pas, comme tant de puînés que leur
père a laissés sans rien, jalouser son frère aîné, le
harceler et le haïr. Gilbert, le troisième garçon, est,
lui, casé dans l'Eglise, bien installé, ayant déjà payé
sa place, lucrative : il n'a besoin de rien et n'a rien.
A Gauthier, quatrième, un manoir est attribué, mais

petit et qui n'est pas prélevé sur le patrimoine ancestral; un tel legs n'ampute pas l'assise terrienne de pouvoir et de prestige que chaque génération est, en ce temps, tenue de transmettre, intacte sinon augmentée, à la génération qui la suit : ce bien, le Maréchal vient de l'acheter; il est libre d'en disposer comme il veut.

Reste Anseau, le garçon dernier-né, tout jeune. Pour lui, il ne reste plus de terre. Guillaume parle : « *Celui-ci m'est très cher. Mais qu'il vive assez pour être chevalier, qu'il monte jusqu'à gagner de l'honneur; il trouvera alors quelqu'un qui l'aimera, et qui grand honneur lui fera, plus qu'à nul autre.* » Entendons bien : dans son benjamin, dans le fils qui, de sa chair, sinon de son cœur, est le plus proche, puisque peut-être il est le seul qui n'ait pas encore quitté la maison pour ses apprentissages, le mourant voit celui dont le destin pourrait être semblable au sien, qui s'élèverait héroïquement, comme il le fit, de ses seules forces, partant de rien, jusqu'à la gloire. Sa décision est de confiance, et, qui sait, de tendresse. Pourtant, son vieil ami, Jean d'Early, intervient, lui remontre : « *Vous ne pouvez faire cela; donnez-lui de votre avoir* (c'est-à-dire de votre argent), *au moins de quoi ferrer son cheval. Autrement serait mal jouer.* » Guillaume acquiesce; il n'enlève pas cependant de terre à l'héritier; il institue pour Anseau, sur l'hoirie, une rente annuelle de cent quarante livres. Une pension, que l'on pourra couper s'il tourne mal. Le revenu est coquet : avec une telle somme on pouvait alors acheter au moins trois très bons chevaux de guerre.

Et les filles? Grâce à Dieu, quatre sont mariées, et fort bien, dans ce qu'il y a de plus huppé parmi les barons d'Angleterre. Elles sont donc déjà pourvues, puisque leur père, avant leurs noces, les a dotées;

elles n'ont rien à attendre d'autre. Mais la dernière, Jeanne, reste fille, et le moribond s'en inquiète : « *De mon vivant je ne l'ai point donnée. Hélas! Mon âme en serait plus à l'aise.* » Tel est bien le souci des pères : éviter de laisser derrière soi des orphelines non mariées. « Désolées », ce qui veut dire seules. Sans un homme qui ait soin de trouver pour elle un époux, acceptant d'y mettre le prix. Car il n'est pas d'usage, à l'époque, de prendre pour femme qui n'a rien, et même, communément, dans le grand monde, les hommes s'unissent à plus riche qu'ils ne sont. Les pucelles sans appui, sans avoir, trouvent malaisément preneur, et si leurs noces tardent trop, ces filles risquent fort, Guillaume le Maréchal le sait bien, « *d'aller à honte* ». Soustraites au contrôle masculin, rares sont celles qui ne se dévergondent. Il peut compter sur son fils aîné, bien sûr, dont le devoir est de marier sa sœur au plus vite. Pour lui faciliter la tâche, pour appâter les éventuels chalands, Guillaume fait ce qu'il a le pouvoir de faire et que chacun juge suffisant : il institue pour Jeanne une autre rente, moins forte, trente livres; il prend surtout dans son trésor, où il peut puiser à sa guise, un gros tas d'argent, deux cents marcs, pour le trousseau.

*

De telles dispositions testamentaires étaient suivies, au début du XIIIᵉ siècle, dans toute l'aristocratie d'Angleterre et de la France du Nord. Les dots excluant les filles de la succession, le droit d'aînesse, mais atténué par quelques dons légers en faveur des cadets afin de ne point ébranler l'amitié fraternelle, ces usages assuraient la stabilité des patrimoines, celle par conséquent des fondations sur quoi s'établissait solidement la supériorité de la classe dominante, dans une hiérarchie des conditions terrestres jugée conforme aux intentions divines. La coutume en ce temps soutient l'ordre du monde. Elle est comme sacrée, infrangible. Encore est-il convenable que le chef de maison, au moment de rendre l'âme, énonce distinctement lui-même ses volontés, ses choix. Des paroles donc d'abord, et publiques. Elles suffiraient. On prend soin cependant de les confier à l'écriture pour que tout soit bien établi. Pas de notaire ici, à l'époque. L'acte est rédigé dans la maison par ceux des serviteurs qui savent écrire. Guillaume commande d'apposer son sceau privé, mais aussi qu'apposent le leur sa femme et son fils aîné, qui sont avec lui les seuls possesseurs de tout le bien : ce qu'il a légué leur est pris. Ce n'est pas assez cependant. Il ordonne que le parchemin soit porté à l'archevêque de Canterbury, au légat, aux évêques de Salisbury et de Winchester pour qu'ils le scellent eux aussi et fulminent contre les possibles violateurs les excommunications rituelles. Nantie de ces garanties, la pièce est serrée dans un coffre. Il est peu probable qu'on ait jamais besoin de la lire. Mais les paroles gelées qu'elle enferme comme en un reliquaire appartiennent maintenant au trésor de la famille.

Celui qui meurt, prenant son temps, est désormais débarrassé du plus pesant. Il demeure pourtant amarré à la terre par son corps. Selon les règles, le souci du corps intervient en ce point du spectacle, troisième phase de la dénudation progressive. Le Maréchal se tourne vers Jean d'Early : « *Allez quérir deux draps de soie, là-bas, auprès d'Etienne, chez qui je les ai mis en dépôt.* » Lorsqu'il les tient dans ses mains, il s'adresse à Henri Fils Gérout. C'est le second en rang d'amitié parmi ses compagnons les plus fidèles, mais Henri, pas plus que Jean d'Early, n'est le parent ni l'égal de Guillaume; ils sont sous lui, il les domine, et pour cela, rien ne le retient de les aimer pleinement : on sent qu'il les aime plus qu'il n'aime ses enfants, qu'il se fie à eux davantage, qu'ils constituent son intimité la plus close. « *Plutôt ternis? Qu'on les déplie.* » On voit alors l'étoffe belle et bonne, offerte à l'admiration de la gent rassemblée, le fils et tous les chevaliers domestiques. « *Seigneurs, regardez. Ces draperies, je les ai depuis trente ans; lorsque je suis revenu d'Outre-mer, je les rapportai avec moi, et pour m'en servir comme je vais faire. On les étendra sur mon corps, quand je serai porté en terre. – Mais où? »* Dans la bouche de l'héritier qui va régler les funérailles, la question pressante et grave que chacun se pose à la ronde. Car il appartient au mourant de désigner son dernier séjour, d'exprimer à ce moment précis son désir à propos de la chair qu'il va quitter. « *Beau fils, quand j'étais Outre-mer, je donnai mon corps au Temple pour y reposer à ma mort.* » Et puis, tourné vers Jean d'Early : « *Vous les mettrez sur moi quand je serai mort. Vous en couvrirez la bière. Et s'il fait mauvais temps, achetez donc du bon gros tissu gris, n'importe lequel, placez-le par-dessus pour que la soie ne soit pas gâtée et laissez-la aux frères du Temple quand je serai enterré, qu'ils en fassent ce qu'ils voudront.* »

*

Tant qu'il n'était question que d'héritage, le pas ne semblait pas encore franchi : certains n'avaient-ils pas, vingt ans plus tôt, entendu Guillaume le Maréchal dicter déjà son testament? Mais voici qu'il a parlé d'ensevelissement, évoqué le cortège des obsèques. On découvre que, cette fois, c'en est fait, qu'il s'apprête à bientôt partir. S'inaugure donc à cet instant le deuil démonstratif. Voici les larmes. La maisonnée se met à pleurer, tendrement, douloureusement. Tous les hommes, le fils, les chevaliers, les valets, jusqu'aux plus humbles serviteurs. Des pleurs des femmes, on ne fait pas grand cas. Mais la montée de ceux des mâles marque le seuil du dernier acte. Guillaume le Jeune sort alors de la chambre, rameute ce qui, de la chevalerie, n'est pas là. Le temps est en effet venu d'organiser les veilles. Le mourant a choisi sa sépulture, le lieu où il souhaite que son corps gise, attendant la résurrection. Ce corps, par ces paroles, il l'a remis à ceux qui exécuteront ses volontés. Il ne lui appartient plus entièrement. D'ailleurs, il ne tient plus aussi fermement à son âme. Il doit par conséquent être plus étroitement gardé par ceux qui maintenant l'ont en charge. Cette enveloppe corporelle dérive désormais vers la mort, on ne sait quels mouvements vont bientôt l'agiter, modifier sa couleur, son odeur. Elle inquiète. On ne doit plus la laisser sans surveillance, abandonner à la solitude cette personne qui se défait tragiquement. Qu'il y ait en permanence près de ce corps une garde. Trois chevaliers. Ils se relaieront nuit et jour. Accompagné par Jean d'Early et Thomas Basset, Guillaume le Fils, le successeur, prendra le tour le plus périlleux : il veillera la nuit, en ces heures troubles où le démon rôde.

A ce moment, place commence d'être faite aussi aux préoccupations religieuses. Ce que nous apprenons des derniers moments de Guillaume le Maréchal est, pour nous autres historiens, très précieux. La relation que j'exploite révèle en effet crûment la manière dont les hommes de ce temps et de cette situation sociale vivaient leur christianisme. Elle permet de rectifier deux témoignages fallacieux, celui d'abord de la littérature hagiographique qui ferait prendre tous les chevaliers pour de petits saint Alexis, pour de petits saint Maurice, confits dans des dévotions dociles, mais aussi le témoignage de la littérature de fiction romanesque, tendue contre l'idéologie cléricale et qui, à l'inverse, appuie trop sur le profane. La piété vraie qui se découvre est confiance en Dieu, paisible, usant modérément des prêtres. Et c'est dans le cadre institutionnel le mieux accordé à l'esprit de chevalerie, l'Ordre des templiers, que le souci du religieux se manifeste ici d'abord.

Durant le pèlerinage qui le fit séjourner plusieurs mois en Terre sainte en 1185, Guillaume le Maréchal a pu voir en action et dans la plénitude de leur puissance ces moines guerriers. Il les a observés, mettant leur corps en péril dans la lutte pour le Christ, tout en demeurant strictement astreints à la discipline monastique, s'imposant d'obéir sans hésitation ni murmure, ne possédant rien en propre, ne touchant pas aux femmes, s'interdisant la jactance, le jeu, tous les ornements inutiles. Il les a admirés en connaisseur, combattant, joyeux, plus efficacement que quiconque. Il a jugé qu'en leur personne se conjuguent les mérites des deux catégories dominantes de la société humaine, l'ordre des religieux et celui des chevaliers, que ces hommes se placent pour cela, de toute évidence, aux avant-gardes de ceux qui gagneront le paradis. Il a donc décidé là-bas de s'intégrer à leur compagnie. Hésitant cependant à quitter aussitôt le siècle, il s'est simplement, comme il l'a dit tout à l'heure, « donné ». La procédure était alors courante. A la fin du XIIᵉ siècle, beaucoup de gentilshommes (dont les grands-pères, jadis, sur leur lit de mort, demandaient de revêtir pour le passage la robe de bure des bénédictins) s'agrégeaient de la sorte à la florissante Congrégation des templiers, se liant déjà, se réservant cependant de s'incorporer tout à fait, de prendre l'habit plus tard, au bon moment, c'est-à-dire aux approches du trépas, et de bénéficier ainsi, remplissant *in extremis* leur engagement, de toutes les grâces promises aux membres à part entière de la compagnie. Pour Guillaume, l'heure est venue, il le sait : « *il n'a talent de plus attendre* ».

Aimery de Sainte-Maure, un Tourangeau, un ami des rois Plantagenêt, le maître de la commanderie du Temple à Londres, est averti. Il sait que le Maréchal veut être enseveli dans la maison dont il a la charge. Il arrive, lorsqu'il en est temps, pour procéder à la réception du mourant. Elle doit avoir lieu, solennelle, devant tous les siens, puisqu'il va se séparer d'eux pour pénétrer dans une autre famille. Il faut que les femmes de sa parenté soient, elles aussi, présentes. On appelle la comtesse et ses filles. Le rite est encore celui du passage. Transfert de la chevalerie tout court à la chevalerie « nouvelle », comme disait saint Bernard, à la chevalerie rénovée, celle des « hommes nouveaux » qui ont décidé de devenir plus parfaits. Il se peut bien que ce rite, au début du XIIIe siècle, paraisse quelque peu désuet. Les formes de dévotion évoluent alors très vite. Le monachisme est en déclin, et surtout le monachisme militaire. Les jeunes se raréfient qui choisissent encore de se faire templiers, de rejoindre ces cavaliers dont l'échec est patent outre-mer, dont on murmure qu'ils ne sont pas si purs, qu'ils ne devraient pas s'occuper autant de manier l'argent et dont on imagine déjà qu'ils se livrent à de curieuses pratiques dans le secret des commanderies. Mais Guillaume est un survivant. Il n'est pas commun de vivre aussi longtemps que lui dans ce milieu, parmi ces hommes de cheval qui mangent comme des loups, boivent comme des trous, et que les coups de sang terrassent quand ils ne sont pas brutalement cassés dans l'exercice de leur métier. Jusqu'à présent, par exemple, aucun des rois de France n'a dépassé la cinquantaine. Il faut être évêque ou moine clunisien pour atteindre aisément cet âge. La donation que le Maréchal a fait de lui-même est vieille de trente années. Prendrait-il aujourd'hui le même engagement, lui qui n'appartient plus depuis longtemps à la petite chevalerie, mais au grand monde où l'on se hâte de suivre les modes, en matière de piété comme en d'autres? Il apparaît ici le rare témoin d'attitudes surannées. Il en est conscient et le dit : « *Ecoutez-moi : il y a très longtemps que je me suis donné au Temple; maintenant, je m'y rends.* »

Qu'on aille donc prendre dans sa garde-robe le manteau blanc à croix rouge; il l'a fait coudre un an plus tôt, et seul Geoffroy le Templier en connaît avec lui l'existence. Il est couché. On ne peut le vêtir de la chape. Il fait étendre devant lui cet emblème de son nouvel état. Changer d'ordre, c'est changer d'habit. C'est surtout changer sa manière de vivre, contracter d'autres obligations. Guillaume est désormais templier. Pour toujours. Les templiers sont moines. Il leur est interdit d'approcher les femmes. Guillaume n'approchera donc plus la sienne. A cet instant donc, il quitte celle qui depuis vingt années n'a fait avec lui qu'une seule chair : « *Belle amie, embrassez-moi, vous ne le ferez plus jamais.* » Il se tend aussi avant qu'il peut du lit, pour que, dans un dernier baiser, leurs bouches s'unissent. Les pleurs redoublent. On emporte la comtesse et ses filles, pâmées, tandis que Maître Aimery parle à son tour et, devant les hommes, prononce les formules requises.

*

Il n'y a plus désormais qu'à laisser faire le temps, attendre, suivre les progrès de cette agonie qui traîne. Elle s'étire depuis deux mois, et avec elle le grand spectacle que je décris, dont le *tempo* exceptionnellement s'étale. Le public pourrait se lasser. Il persévère. La chambre ne désemplit pas. Pour voir comment le Maréchal meurt, on s'y bouscule autour du fils aîné, presque toujours assis, patient, fidèle, tenant parfaitement son rôle, à la tête du lit de mort. Une telle affluence, une telle assiduité témoignent du prestige de celui qui lentement s'en va. Toute la maisonnée donc se réjouit, s'applique à prolonger à toute force cette longévité merveilleuse : elle fait la gloire de la famille. Guillaume n'a plus faim. Il faut qu'il mange, afin que la nature persiste à « *faire en lui son travail* ». On ne cesse de le harceler, de le gaver, émiettant du pain sans qu'il s'en doute parmi les champignons qu'il accepte encore. Chacun s'inquiète. A tort : la vie étroitement colle à cette grande carcasse. Par instants même, des sursauts de fraîcheur l'animent. Un jour, le moribond interpelle Jean d'Early : « *Puis-je vous dire grande nouvelle ? – Oui, sire, à condition que parler ne vous fatigue pas. – Je ne sais d'où ça peut monter mais, depuis trois ans et plus, je n'ai jamais ressenti envie de chanter aussi grande comme je la sens depuis trois jours. Or, je me demande, Dieu verrait-il ça d'un bon œil ? – Allez-y, sire, chantez. La nature va se renforcer en vous. Ce serait grand*

bienfait si vous preniez aussi envie de manger. –
Taisez-vous. Chanter ne serait pas bien. Les gens
alentour me tiendraient pour enragé et croiraient que
je perds la tête. »

En effet, il est fort séant de chanter aux noces ou
après les tournois. Mais un presque trépassé qui
chante, si ce ne sont pas les psaumes de la pénitence à l'unisson des officiants : scandale. Alors
Henri, son autre ami de cœur, conseille : « *Appelez*
vos filles, elles chanteront pour vous. Vous verrez le
bien que cela va vous faire. » On les introduit.
Guillaume commande à son aînée, Maheut la « bi-
gotte », l'épouse du Bigot, futur comte de Norfolk,
de chanter la première. Elle obéit; elle se force;
mais bien sûr le cœur n'y est pas. Puis c'est le tour
de la plus jeune, la pucelle, la déconseillée, pour
cela plus éplorée que ses sœurs. Sa gorge se noue;
elle s'embrouille. Son père, qui croit à de la timidi-
té, la reprend : « *N'ayez pas honte.* » Et puis lui
montre comme il faut faire, dire les mots, « *dret à*
dret ».

Ce soir-là, pour la dernière fois, il vit ses cinq
filles, et lorsqu'il les eut renvoyées à leur mère, lui
toujours si maître de lui, fut, semble-t-il, en grand
émoi. Ravalant sa peine, il passe vite aux affaires
sérieuses, décrit à son fils par le menu l'ordon-
nance qu'il entend donner à ses funérailles : que
Guillaume le Jeune soit au plus près de lui quand il
entrera, quand son corps entrera dans Londres. Il
veut aussi que l'on pense aux pauvres. Leur nuée, il
n'en doute pas, va s'agglutiner au cortège. On ne
voit pas souvent un service d'une telle opulence. De
ces pauvres, il décide que cent au moins seront
nourris, abreuvés, habillés après la fête.

A longueur de journée, on le presse. Tantôt de
s'alimenter – point de répit : il faut qu'il mange –,

tantôt de guérir son âme – point de répit : il faut qu'il donne. Car donner, c'est laver à grande eau son péché. Puisque la terre qu'il tenait du chef de son épouse est maintenant sortie de ses mains, abandonnée à l'héritier, il doit pour son salut se dépouiller de ce qui lui reste encore, c'est-à-dire de son trésor, de ces valeurs mobiles, très précieuses, et qui n'appartiennent qu'à lui, sur lesquelles il a tous les droits, que l'on sait entassées dans sa chambre, dans le réduit claquemuré où sont serrés ses robes, ses ornements, ses deniers, ses bagues. Le moment est venu de disperser cet amas de richesses dont le poids risque fort de faire pencher son âme du côté du malheur. Voici ce dont les gens d'Eglise lui rebattent les oreilles. Car ils sont là, maintenant, de plus en plus nombreux, attirés par l'aubaine. Parmi eux, l'abbé de Nutley, un monastère de la congrégation d'Arrouaise, qui revient, dit-il, du chapitre général; on a su que le Maréchal était en mauvaise passe; les chanoines ont décidé de l'accueillir comme un confrère, de partager avec lui les grâces captées profusément par les prières et les bonnes œuvres de cet ordre charitable; l'abbé est venu justement apporter cette bonne nouvelle; il fournit ses preuves, montre les lettres scellées dont il s'est muni. Que le mourant soit rassuré. Et généreux. Il l'est. Tous autour de lui le talonnent.

Surtout qu'il n'oublie rien. Qu'il vide toutes ses huches. Les plus ardents à attiser sa largesse sont, évidemment, ses amis les plus proches, ceux qui l'aiment vraiment, Henri Fils Gérout et le clerc de sa maison, Philippe. Ceux-ci ne réclament rien pour eux. Désintéressés, ils n'ont souci que de sauver une âme en peine en répandant les dons parmi les pauvres du Christ, en premier lieu parmi ceux qui non seulement ne possèdent rien, mais sanctifient

leur pauvreté par les macérations, les renonce-
ments, et dont les prières sont pour cela les plus
efficaces, les mieux capables de fléchir le courroux
de Dieu. Mais le mourant peut la sauver aussi, et
peut-être d'abord, en réglant ses dettes, en réparant
les torts qu'il a causés. En effet, confesser, avouer
ses fautes ne lui suffit pas. Il est expressément tenu
de ramener à sa mémoire les noms de tous ceux
qu'il a lésés au cours de son existence, afin de les
dédommager. Il doit rendre tout ce qu'il a pris, les
proies de ses convoitises, s'il veut que, dans l'autre
vie, les tourments lui soient épargnés. Les amis de
Guillaume lui répètent ceci sans relâche, au point
de l'importuner. Agacé, il ne se retient pas de les
rabrouer. Le moment est des plus graves. Il risque
gros. Il risque tout. Pourtant il n'hésite pas à dire
très haut ce qu'il pense, et qui peut paraître incon-
gru. Il sait aussi la portée de son discours. On
attend de lui, comme de tous les moribonds dont
on guette attentivement les paroles, qu'il dispense
une dernière leçon, exposant la bonne morale.

Cette morale n'est pas celle des prêtres, qui leur
profite. Ni celle des cagots. C'est la morale de la
chevalerie. Or, et voici qui nous importe, de cette
morale les historiens sont beaucoup moins bien
informés. Ecoutons-le donc, comme l'écouta en cet
instant, autour de son lit, l'assistance attentive,
enregistrant soigneusement pour la postérité lignagère la sentence qu'il eut alors le courage d'énon-
cer : « *Les gens d'Eglise s'acharnent contre nous; ils
nous rasent de trop près. J'ai pris pendant ma vie au
moins cinq cents chevaliers dont je me suis approprié
les armes, les chevaux, les harnais. Si le Royaume de
Dieu pour cela m'est refusé, je suis refait. Qu'y puis-je?
Comment voulez-vous que je rende tout? Je ne puis
faire plus pour Dieu que de me rendre moi-même à*

lui, repentant de tous les méfaits que j'ai commis. Si les clercs ne veulent pas que je sois banni, rejeté, exclu, ils doivent me laisser la paix. Ou bien leur argument est faux, ou bien nul homme ne peut être sauvé. »

Et plus tard, dans les tout derniers moments, quand on vient lui rappeler que sa garde-robe est toujours pleine : toutes les parures d'écarlate, de petit-gris qu'elle contient, les quatre-vingts fourrures précieuses, toutes fraîches et neuves, il ne les emportera pas avec lui; qu'il se hâte de les faire vendre; avec l'argent, judicieusement réparti parmi les communautés religieuses, il achètera des oraisons, c'est-à-dire les outils de sa rédemption. Alors, carrément, il se fâche : « *Taisez-vous, mauvais. J'en ai par-dessus la tête de tels conseils. C'est bientôt la Pentecôte, la saison où les chevaliers de ma maison doivent recevoir leurs nouveaux atours. Je le sais bien, jamais plus je ne pourrai les leur distribuer. Et c'est maintenant que vous venez m'entortiller. Approchez, Jean d'Early. Par cette foi que vous devez à Dieu et à moi, je vous mande de faire pour moi le partage de toutes ces robes. Et s'il n'y en a pas assez pour tout le monde, envoyez encore à Londres acheter ce qui manque. Que nul de mes gens n'ait à se plaindre de moi. »*

Le bon seigneur veille en effet d'abord à ne point transgresser les préceptes de la morale domestique, laquelle oblige à traiter de son mieux ses familiers, ni ceux de la morale sociale qui prescrit aux chevaliers, dont l'ordre est au sommet de la hiérarchie, d'être parés plus richement que les autres. Le bon seigneur pense d'abord aux siens, à ceux qu'il retient dans sa maisonnée et qui doivent tout à sa largesse. Le bon seigneur, tel le roi Saint Louis quelques années plus tard, sait aussi la valeur essentielle des ornements de corps, dans une culture d'ostentation et de parade, dans une société où l'on juge l'homme à ce qu'il porte sur soi. Il sait qu'il faut être bien vêtu pour être aimé, redouté, servi. Le Maréchal est un bon seigneur. C'est sous cet aspect qu'il veut demeurer dans le souvenir des siens, en plénitude des vertus convenant à son état, qui sont de générosité fastueuse. On passa donc la nuit au partage du vair, de la soie, de la zibeline. Tous les chevaliers endossèrent ce que le corps de leur maître avait revêtu de plus beau. Le peu qui restait, le moins bon, fut abandonné aux pauvres. En chacun de ceux qui revêtaient ses parures, on pouvait croire que le mourant reprenait vie. Le dimanche avant l'Ascension, Guillaume fut ainsi cérémonieusement dépouillé de ses robes. Il ne possédait plus rien que son suaire. Il était prêt à s'en aller.

Il avait déjà chargé son fils de dire adieu de sa part à tous ceux qui l'avaient servi et qui n'étaient pas présents, de leur rendre grâce pour tout ce qu'ils avaient pu faire ou dire. Le lendemain, Guillaume le Jeune, à genoux, pria son père, pour l'amour du Christ, de manger encore quelque chose. « *Nous sommes sûrs que cela vous fera du bien – Or çà*, acquiesça-t-il, *je mangerai autant que je pourrai.* » Par bonté. Il s'assit, soutenu par un chevalier. Quand la nappe fut posée, il fit venir à lui Jean d'Early : « *Voyez-vous ce que je vois ? – Messire, je ne sais ce que l'on peut voir. – Par ma tête, je vois deux hommes blancs : l'un est à côté de moi à droite, l'autre à gauche ; je n'en ai vu nulle part d'aussi beaux. – Messire, voici que vous vient de Dieu une compagnie qui va vous conduire dans la voie droite.* » Alors le comte commença de répéter : « *Béni soit Dieu Notre-Seigneur, qui jusqu'ici m'a donné tant de*

27

grâce. » Jean d'Early, quant à lui, ne se pardonna jamais de n'avoir pas demandé qui étaient ces deux personnages, éclatants de blancheur, purs comme on ne l'est jamais sur la terre. Des anges? Des saints? Des ancêtres vénérables revenant ici-bas? Quels qu'ils fussent, leur présence manifestait que les portes de l'au-delà s'entrebâillaient. Ces avant-courriers venaient accueillir le Maréchal, lui faire escorte. Le signe était clair : il allait bientôt passer.

Le mardi 14 mai 1219, à l'heure de midi, son fils revient avec les autres. Ils le trouvent tourné vers le mur, reposant en paix. Ils le croient endormi, et le jeune Maréchal ordonne que l'on se taise et se retire. Alors on entend le moribond parler, demander : « *Qui est là? – C'est moi, Jean d'Early. – Êtes-vous Jean? – Oui, messire. – Je ne peux pas dormir. – Comment pourriez-vous dormir, il y a bien quinze jours que vous n'avez rien mangé.* » – Guillaume le Maréchal se tourne, étend ses membres. Les douleurs de la mort se mettent à le poindre. « *Jean, dépêchez-vous d'ouvrir toutes grandes les portes et les fenêtres. Faites venir ici mon fils, la comtesse, les chevaliers. Je me meurs, je ne peux plus attendre, je veux prendre congé d'eux.* » Jean se précipite, ouvre tous les huis, revient prendre entre ses deux bras le comte qui, couché sur sa poitrine, se pâme et ferme les yeux. Il se remet. « *Jean, je me suis donc évanoui? – Oui, messire. – Je ne vous ai jamais vu si ébahi. Que n'avez-vous pris de cette eau de rose pour m'en arroser le visage afin que j'aie loisir de parler à ces bonnes gens? Car je ne le ferai plus très longtemps.* » Revigoré par l'eau de senteur, il peut prononcer, tous sont là, les derniers mots. Il dit tout simplement sa mort : « *Je meurs. Je vous confie à Dieu. Je ne puis plus rester avec vous. Je ne puis me défendre de la mort.* » Il entre alors dans le silence.

Jean d'Early s'efface, laisse sa place à celui qui doit maintenant la tenir. Le fils s'assied. Pleurant tout bas, c'est-à-dire dans son cœur, et non point pour en faire parade, il reçoit dans ses bras son père, qui s'y blottit, s'y « *tapine* ». Les religieux, depuis qu'ils étaient servis, depuis que le mourant n'avait plus rien qu'il pût donner, s'étaient retirés discrètement. Voici qu'ils accourent, l'abbé de Nutley, accompagné de ses chanoines, l'abbé de Reading, accompagné de ses moines, apportant, lui, de la part du légat, l'absolution pontificale valant indulgence plénière. Le Maréchal en avait-il tellement besoin ? Depuis le début de son mal, il se confessait chaque semaine. En grande pompe, ce qui ne gâte rien, les deux abbés l'absolvent une dernière fois. On croit apercevoir qu'il s'incline, qu'il lève encore la main, qu'il se signe, qu'il adore la croix placée devant lui. Il rend l'esprit. Rien ne dit qu'il ait reçu le viatique.

*

Ça n'est pas la fin du spectacle : l'âme est partie, mais le corps reste là. Offert aux regards, au centre de la scène, il tient encore son rôle. Devant lui, alors qu'il réside dans son privé, dans sa demeure, avant qu'il ne franchisse l'enceinte du manoir pour gagner son dernier séjour, le Temple, à Londres, l'abbé de Reading est revenu célébrer la messe dans la chapelle domestique, pour une rente de cent sous que lui accordent Guillaume le Fils et sa mère. Le cortège se forme, s'ébranle. On a prévu deux étapes. A chacune d'elles, le corps du Maréchal passe la nuit dans une église, en lieu sûr. Ce sont l'église abbatiale de Reading d'abord, puis celle de Staines. En ce lieu vinrent le rejoindre tous les comtes de la région, le comte de Surrey, le comte d'Essex, le comte d'Oxford; de plus loin était accouru le comte de Gloucester, Gilbert de Clare : c'était l'époux de la seconde fille de Guillaume. Ces hauts personnages, environnés de leur suite, forment une cohorte d'honneur éclatante. Dieu témoignait encore au Maréchal, en favorisant ainsi l'éclat du cortège funèbre, la bonté qu'il avait eue pour lui durant toute sa vie. A l'entrée de Londres, le corps fut accueilli par l'archevêque de Canterbury, le primat d'Angleterre. La veillée, dans l'église du Temple tout illuminée, toute pleine de chants sacrés, fut superbe. Tout était si bien, si honnêtement fait, si beau, si glorieux que les assistants, le cœur réchauffé, oubliaient leur peine. Ils remerciaient le ciel de l'honneur qu'il daignait rendre au défunt. Le lendemain, on s'apprêta à mettre le corps en terre, devant la grande croix, aux côtés de la tombe de Maître Aimery dont la dépouille charnelle avait rendu l'âme avant celle-ci, et l'attendait.

Au terme de la fête funéraire, allongé sur la bière devant la tombe ouverte, le corps du Maréchal, muet, parlait encore. Il enseignait tous les assistants, que l'on avait souhaités innombrables et qui l'étaient. Devant leurs yeux, ce corps se présentait comme l'image de ce que chacun d'eux serait un jour. Inéluctablement. « *Miroir* », c'est bien ainsi que le définit l'archevêque dans l'allocution qu'il prononça pour l'édification de la foule. « *Voyez, messeigneurs, ce que vaut le monde. Chaque homme, lorsqu'il est parvenu à ce point, ne signifie plus rien : il n'est plus qu'un peu de terre. Considérez ici celui qui se haussa au sommet des valeurs humaines. Nous en viendrons là. Vous et moi. Un jour, nous mourrons.* » Ainsi va toute chair. Ici-bas tout est vanité.

*

On ne voit plus le corps. Il a disparu sous la terre pour y pourrir paisiblement, bien enfermé. Cependant, invisible, il manifeste encore une fois sa puissance, et somptueusement. De la manière la plus terrestre, nourricière, donnant à manger, à boire, donnant aux autres à se réjouir. Selon l'usage, il préside un banquet de clôture, dans la position du maître de maison, du seigneur, qui n'est jamais plus aimé que lorsqu'il distribue le pain et le vin. Il l'a dit à son héritier : il veut que cent pauvres soient là, et repus. Qu'ils mangent et boivent avec lui. Ou plutôt pour lui. Car telle est bien la fonction que remplissent ces agapes posthumes : l'âme du mort a besoin que les vivants prient pour elle, et la pitance distribuée après l'enterrement peut être tenue pour le salaire de ces oraisons, peut-être même, plus profondément, pour leur équivalence. Des pauvres, il y en a ce jour-là plus qu'il n'en faut. Depuis trois mois, ils attendaient, impatients, la fin de l'agonie. Les voici tous, les mains tendues. On renonce à les compter. Leur foule est si dense qu'elle ne peut tenir dans Londres, près de la sépulture. Il faut se transporter dans les espaces dégagés de Westminster pour procéder à la distribution de deniers et de provendes sur quoi se termine la dramaturgie des funérailles.

Celles-ci furent magnifiques, à la mesure de l'honneur du comte Maréchal. Tout le monde ne mourait pas si bien. Guillaume avait pu lui-même en juger trente ans plus tôt, presque jour pour jour, lorsque trépassa le roi, son seigneur, le grand-père de celui d'aujourd'hui, un autre Henri, Henri II d'Angleterre, Henri Plantagenêt le Superbe, nouveau roi Arthur, qui jadis avait enlevé Aliénor d'Aquitaine au Capétien et qui fut en son temps puissant parmi les puissants. Le Maréchal ne l'a pas oublié. Maintes fois, il a raconté devant les siens ce qu'il gardait en sa mémoire. De ses yeux, il avait vu le souverain rongé peu à peu par ce mal qui l'avait pris par le talon, montait le long des cuisses, envahissait le corps entier et brûlait devant, derrière. Il l'avait vu se traîner comme une bête, grondant de douleur, et sachant que Richard, son fils aîné, son héritier, son ennemi, enrageait de le voir autant tarder à céder la place, allait ricanant parmi les gens du roi de France : « *Le vieux joue la comédie.* » Il l'avait vu devenir tout rouge, et puis tout noir. Il n'était pas présent lorsque la mort creva de ses ongles le cœur du roi, quand le sang figé coula de son nez dans sa bouche, mais on lui rapporta que le mourant resta tout seul. Ses amis, de chair et de cœur, s'étaient enfuis, tirant par-ci, tirant par-là, emportant ce qu'ils avaient en garde, abandonnant le corps à la canaille domestique. Il racontait encore, avant de mourir lui-même, que les « *happeurs* » avaient alors happé très dur. Henri ne gardait plus rien, sinon ses caleçons et ses chausses. Quelques hommes de grande loyauté, et le Maréchal en était, accoururent, honteux de ce qu'ils voyaient; ils jetèrent leur manteau sur le cadavre. On l'enterra et convenablement certes. Mais le lendemain, les bataillons de pauvres attendaient à l'entrée du pont de Chinon, sûrs de leur fait : ils allaient manger. Plus rien dans l'hôtel du roi, pas même du pain noir. Le Maréchal s'enquit des deniers : il n'en restait plus trace. Et l'on entendait, sur le pont, grossir la colère, crier au scandale, et menacer de tout casser. Les pauvres avaient raison d'aboyer. Honte au roi mort qui ne nourrit pas.

Le 14 mai 1219, Guillaume le Maréchal nourrit les pauvres mieux qu'un roi. Ce fut à un roi qu'il appartint de prononcer son dernier éloge, ce dont la parenté ne fut pas peu fière. A ce roi, justement, qui avait rabaissé l'orgueil des Plantagenêt, qui avait vaincu l'empereur aussi, en bataille, à Bouvines cinq ans plus tôt, et dont la puissance désormais s'étalait sur le monde, le dominant avec tant d'assurance qu'on avait surnommé ce roi, comme les empereurs romains des anciens temps, Auguste : Philippe, second du nom, roi de France. Ce souverain tenait sa cour en Gâtinais quand la nouvelle lui parvint de la mort de Guillaume, qu'il aimait bien. En compagnie de sa parenté et des hauts barons, il achevait de dîner. Les seigneurs moins huppés qui l'avaient servi à table commençaient leur repas. Parmi eux se trouvait Richard, second fils du Maréchal; il allait avoir grand deuil. Le roi prit soin d'attendre qu'il eût achevé de manger. Alors, devant l'assemblée attentive, le roi se tourna vers Guillaume des Barres, son ami : « *Avez-vous entendu ce que celui-ci m'a dit? – Qu'a-t-il dit, sire? – Par ma foi, il m'est venu dire que le Maréchal, qui fut si loyal, est enterré. – Quel Maréchal? – Celui d'Angleterre, Guillaume, qui fut preux et sage. – En notre temps, il n'y eut en nul lieu meilleur chevalier, et qui s'y connût mieux en armes. – Que dites-vous? – Je dis, et j'en prends Dieu à témoin, que je ne vis jamais meilleur que lui dans toute ma vie.* » Guillaume des Barres s'y connaissait : il était le plus preux de la cour de France, c'est-à-dire du monde. En son temps mûr, il avait rivalisé de vaillance avec le comte Maréchal; devant Saint-

Jean-d'Acre, il avait même jouté contre Richard Cœur de Lion. Il lui revenait de décerner au défunt un premier prix, celui de l'expertise militaire et sportive. Le roi Philippe qui, par office, présidait au conseil et savait la valeur de l'amitié virile, ciment de l'Etat féodal, couronna, lui, la loyauté : « *Le Maréchal fut, selon mon jugement, le plus loyal, vrai, que j'aie jamais connu, en quelque lieu que je fusse.* » Enfin, Jean de Rouvray, l'un de ceux qui se tenaient au plus près du roi à Bouvines, qui gardaient le corps royal avec Guillaume des Barres et les camarades de leur jeunesse, célébra la sagesse : *Sire, je juge que ce fut le plus sage chevalier qui fut vu, en nul lieu, de notre temps.* » Juchée sur la prouesse, soutenue d'une part par la loyauté, d'autre part par la sagesse, voici la chevalerie, le plus haut ordre qu'ait fait Dieu. Dans ces assises de vaillance rassemblées autour du roi capétien, premier lieutenant de Dieu sur la terre, Guillaume le Maréchal, le plus preux, le plus loyal et le plus sage, se trouva proclamé le meilleur des chevaliers.

2

Au cours de la représentation sacrée dont, exécutant la volonté paternelle, il s'était montré le fidèle
ordonnateur, le jeune Maréchal avait tenu le premier rôle, après celui du défunt. Depuis que son
père s'était couché, il ne l'avait presque pas quitté,
il n'avait presque pas dormi. Désormais, il se trouvait établi dans la place laissée vide, et sur ses
épaules reposait cette gloire lignagère que le vieux
Guillaume avait brusquement, par ses vertus, haus-
sée jusqu'à un degré quasi royal. Il incombait à son
substitut d'accroître à son tour cet honneur, du
moins de n'en pas laisser ternir l'éclat. Son premier
devoir était donc d'enraciner l'image du fondateur
dans le souvenir, si profondément qu'elle pût résister à l'usure du temps, ne jamais s'effacer tout à fait
et désigner d'âge en âge à sa postérité comment se
bien conduire. Cette mémoire, bien sûr, on l'avait
mise en dépôt dans quantité de ces communautés
de prêtres ou de moines dont une fonction, la
principale assurément aux yeux des laïcs, consistait
à prier pour les morts jusqu'à la fin des temps.
Peut-être était-elle aussi conservée par les ornements de la sépulture. Le tombeau du Maréchal
dans le Temple de Londres s'est fort dégradé avant
d'avoir été décrit par les amateurs d'antiquités;

rien ne dit qu'il n'ait pas été revêtu de signes commémoratifs; l'habitude se prenait alors d'en placer sur le sépulcre des riches. Il fallait cependant davantage. Il fallait que l'on sortit de l'aire affectée aux dévotions. Un autre mémorial devait être construit, qui fût profane, et capable de faire rayonner le renom du disparu dans l'espace social où celui-ci s'était illustré et dont il n'était jamais sorti sinon, quelques jours avant de rendre l'âme, lorsqu'il avait pris l'habit de Templier; il convenait de faire éclater sa gloire dans les cours princières et dans les campements dressés près du champ des tournois. Il importait par conséquent que la valeur de Guillaume le Maréchal fût célébrée dans les formes spécifiques d'une culture qui avait été la sienne, celle de tous ses amis et qu'il avait travaillé à exalter, la culture chevaleresque. Ces formes étaient alors presque toutes celles du *happening*, du divertissement festif, fugace, fragile, si volage que rien n'en est parvenu jusqu'à nous, hormis le texte de quelques chansons. Le monument que Guillaume le Jeune décida d'ériger à la mémoire de son père fut une chanson, précisément.

L'intention était, par des mots, de maintenir le défunt présent. Mais non pas, comme par les images associées au culte funéraire, en exposant de lui un portrait statique, en décrivant avec précision, exactitude, les traits singuliers de son visage, de sa silhouette, en représentant du héros la personne physique. La chanson évoque très brièvement celle du Maréchal, la « *faiture* » de son corps. Elle n'en dit rien que de très banal : beaux pieds, belles mains; bien fait, bien droit; forte stature. Sinon qu'il était brun de chevelure et de visage – ce qui n'était pas un éloge : les saints et les preux se reconnaissent à la blondeur, à la clarté de leur peau; en ce temps s'attachait au noir, obstinément, l'idée de péché, de misère – et que – qualité très gratifiante, celle-ci, pour un chevalier – son « *enfourchure* » était fort large. Mais, au début du XIIIᵉ siècle, les arts plastiques, de plus en plus soucieux de figuration lucide, ne l'étaient pas encore de ressemblance; la sculpture, la peinture plaçaient devant un décor abstrait des personnages dont le caractère spécifique s'exprimait non point par une physionomie, mais par des emblèmes symboliques et par des attitudes; elles montraient principalement des actions. Le poème composé à la gloire du Maréchal décrit lui aussi des actions. Ses « gestes ». Chanson de geste : l'expression conviendrait puisque ce poème fut écrit, sinon dans la forme – c'est celle ici des romans –, du moins dans l'esprit de ces épopées foisonnantes, des longues suites de vers par exemple qui racontaient les exploits divers d'un autre Guillaume, celui d'Orange, au court nez. Le Maréchal revit dans la relation détaillée, précise, des péripéties de son existence. Cette biographie était faite pour être écoutée, récitée publiquement par un lecteur professionnel. En quelles circonstances? De quelle manière? Rien ne l'indique. Nous savons seulement qu'elle était offerte à l'attention de la parenté la plus proche. Le donateur prit soin de faire inscrire, dans le final, qu'il avait fait façonner l'ouvrage pour ses frères et pour ses sœurs, voulant les « *réjouir* » en leur faisant « *entendre* » « *les grands biens et l'honneur de leur ancêtre* », ajoutant qu'il leur devait ce don en tant qu'aîné et héritier, et qu'il ne doutait pas de leur reconnaissance.

Etait-il exceptionnel dans les lignages fortunés d'exalter de cette façon, après sa mort, l'image du chef de la maisonnée? Nous l'ignorons, comme nous ignorons jusqu'où, vers 1220, l'usage s'était répandu de placer sur leur tombe une image des seigneurs défunts. Depuis un demi-siècle, dans la cathédrale du Mans, on pouvait voir, fixée dans l'émail, non point le portrait, mais l'effigie de Geoffroy Plantagenêt. Se trouvait d'ailleurs étroitement associée à cette image une biographie que nous avons gardée, elle aussi. Mais Geoffroy Plantagenêt était père, grand-père et bisaïeul des cinq rois d'Angleterre que Guillaume le Maréchal avait successivement servis. Ne devait-il pas à cette éminente qualité de survivre sous cette forme? De telles représentations ne demeuraient-elles pas un monopole que les souverains de ce temps, parce qu'ils avaient reçu l'onction du sacre, partageaient avec les saints et avec les évêques? Et si l'on chargea un écrivain de relater les gestes de Guillaume le Maréchal, n'était-ce pas qu'il s'était approché très près du pouvoir royal, que, régent, il avait un moment occupé la place même du monarque? La chanson témoignerait alors de l'orgueil attaché à une réussite extraordinaire, sinon de l'impudence d'un parvenu. Pourquoi cependant ne pas penser que, parmi le très haut baronnage où sa vaillance l'avait hissé, le Maréchal ne fut pas une exception; que, conformément au rituel du deuil aristocratique, on avait à l'époque chanté bien d'autres vies que la sienne; mais que tout s'est égaré de ces évocations poétiques, parce qu'il était fort rare qu'elles fussent confiées à l'écriture et que, dans les demeures des grandes familles, l'écrit se conservait mal? D'autant plus mal que cet écrit, d'usage profane, privé, ne parlait pas latin?

Le souvenir que l'on conservait des rois de cette époque, de Philippe Auguste comme de Geoffroy

Plantagenêt, était, lui, enrobé dans cette langue hiératique, celle des liturgies ecclésiastiques et des « auteurs » de la littérature savante. Le latin imposait respect; il convenait aux éloges royaux : les rois, sacrés, étaient à demi d'Eglise, et Suétone avait composé en latin la *Vie des douze Césars*, le modèle. Mais le récit des actes des barons, donné à entendre à des hommes et à des femmes qui n'étaient pas lettrés, employait sans doute plus volontiers un langage que ces gens pouvaient comprendre, celui dont ils usaient sinon tous les jours, du moins dans les cours où se rassemblait la chevalerie et où s'imposaient les manières qui distinguent du commun les gens bien nés. L'auteur de la chanson de Guillaume le Maréchal utilise en tout cas le parler de la bonne société d'Angleterre et de ses rois, qui étaient angevins. C'est le dialecte de la France de l'Ouest. Aussi ce poème qui fut rimé sur les bords de la Tamise est-il un des premiers monuments de la littérature française. Et c'est la plus ancienne biographie que l'on conserve en cette langue. Très vulnérable, l'ouvrage aurait dû se perdre, comme tant d'autres.

En effet, la lignée du Maréchal s'éteignit vite. C'était souvent le cas dans la classe dominante, par l'effet de pratiques trop prudentes qui, pour resteindre les partages successoraux, pour maintenir la cohésion des fortunes, interdisaient à la plupart des garçons de se marier, limitaient de cette façon les naissances légitimes mais comprimaient aussi dangereusement l'expansion de la descendance. La postérité de Guillaume semblait pourtant bien assurée : des enfants qu'il avait engendrés de son épouse, dix lui survivaient, dont cinq garçons. L'un après l'autre, ceux-ci moururent sans progéniture. Guillaume disparut douze ans seulement après son père, en 1231; Richard, trois ans plus tard; Gilbert, qui était clerc, sortit alors de l'état ecclésiastique, ceignit l'épée, prit les titres et périt d'une chute de cheval en 1241 sans avoir procréé d'héritier légitime. Ne restait plus alors qu'Anseau, le petit dernier – le Maréchal, en mourant, l'avait voué à l'aventure, jugeant qu'il n'avait pas la moindre chance d'hériter –; il recueillit la succession. Courte fortune : en 1245, il était mort. Plus d'homme qui portât le nom du Maréchal. Qui donc allait désormais se soucier de conserver sa mémoire? Or, par le plus grand des hasards, le texte de cette histoire subsiste. Dans un manuscrit unique, il est vrai, et qui n'est pas l'original. La transcription, médiocre (le copiste comprenait mal une langue sans doute trop raffinée pour lui), paraît contemporaine. Peut-être fut-elle commandée par l'une des sœurs, par un neveu. A l'occasion, comme c'était semble-t-il souvent le cas, d'un mariage. A moins qu'un curieux d'histoire n'ait voulu conserver pour son usage un récit qui lui semblait apprendre beaucoup sur les événements récents et dont il jugeait qu'il méritait, pour les qualités de son style, de prendre place dans une bibliothèque bien tenue. Le poème dut peut-être à sa rare beauté de ne pas disparaître. Les chefs-d'œuvre ont la vie plus dure.

*

Cent vingt-sept feuilles de parchemin – pas une ne manque –; sur chacune, deux colonnes de trente-huit lignes; dix-neuf mille neuf cent quatorze vers : Guillaume le Jeune avait bien fait les choses. Il fallut sept ans pour réunir la matière, élaborer, éditer convenablement l'ouvrage. Le tout coûta cher. Celui qui payait prit garde, pour que nul n'en doutât, à ce que cela fût clairement mentionné. Le fils aîné, « *qui en supporta tout le coût* », fut donc le promoteur. Non pas l'auteur. Il ne pouvait l'être, faute de loisir et surtout de compétence. Il engagea donc un artisan dont le métier était de composer des chansons, l'un de ces hommes qui « *de trouver entendent vivre* ». Un trouvère. De celui « *qui ce livre a fait et trouvé* », nous savons le nom. Jean, mais non pas le surnom qui permettrait de l'identifier.

C'est un écrivain superbe : des mots très frais, très justes, une narration limpide, l'art d'animer les personnages, de conduire un dialogue, de montrer; il a rempli sa tâche à la perfection : rendre présent, vivant, le Maréchal. De surcroît, il se révèle historien très consciencieux. L'œuvre se présente elle-même comme une « *vie* », mais aussi comme une « *estoire* ». Son auteur partage le souci que, dans les monastères et les collégiales, ceux qui s'appliquaient à relater les faits dont ils avaient eu vent manifestaient, depuis une centaine d'années, de contrôler l'information, de critiquer les témoignages avec le même scrupule que mettent les historiens d'aujourd'hui à mener leur tâche. Jean veille à indiquer ses sources. A plusieurs reprises, on l'entend faire état de ses hésitations et des exigences de véracité qu'il s'impose. Ainsi lorsqu'il relate le déroulement de la bataille de Lincoln, qui vit le Maréchal triompher comme un roi. L'événement est capital. La carrière du héros et toute l'action que le poème a, pas à pas, suivie parviennent ce jour-là à leur point culminant. Il s'agit de voir très clair, de ne rien dire qui ne soit parfaitement sûr. En ce point, Jean l'Anonyme place sa profession de foi : « *Ici, seigneurs, que me convient-il de dire? Ceux qui me fournissent la matière ne s'accordent pas entre*

eux; je ne peux pas obéir à chacun; je me fourvoierais;
j'en perdrais la voie droite et m'en ferais moins
accroire. En histoire, qui est vérité, nul ne doit
consciemment mentir. » Le commanditaire attendait
un rapport sincère. L'exécutant s'est donc efforcé
de trier minutieusement le vrai du faux parmi les
traces qu'avaient laissées les actions du Maréchal.

Mais il importait aussi que le rapport fût ample,
détaillé, charnu. Ces traces, l'auteur s'est donc
appliqué minutieusement à les recueillir toutes, à
en glaner les moindres vestiges. Le soin qu'il prit à
ce que la récolte fût complète explique qu'il ait mis
tant d'années à exécuter la commande. Cependant,
trouvère, il n'alla pas s'informer dans les livres des
bibliothèques savantes. Cette indépendance apparaît nettement lorsque l'on confronte ses dires à
ceux des chroniqueurs auxquels il eût aisément pu
se référer, et qui d'ailleurs se pillent les uns les
autres : pas la moindre coïncidence entre leurs
relations des événements et la sienne qui permette
de supposer qu'il les ait lus. Il puisait à d'autres
sources qui, sans lui, nous seraient restées inacces-
sibles, car elles se situent sur le versant profane
de la culture du XIIIᵉ siècle. Presque tout s'est éva-
poré de cette part de la création culturelle. Elle
nous échappe. Voici pourquoi la chanson me pas-
sionne. Œuvre d'un homme qui n'appartenait pas à
l'intelligentsia cléricale, ou qui du moins s'en était
pendant son travail écarté, elle porte un témoignage rarissime sur ce qu'étaient, parmi les chevaliers de ce temps, le sens et la connaissance de
l'histoire. Elle est la mise en forme d'une mémoire
que je ne dirai même pas courtoise, car dans les
grandes cours princières le poids des influences
ecclésiastiques sur les manières de penser des laïcs
était sensiblement plus lourd que dans la maison-

née de Guillaume. Ce qui nous est livré est infiniment précieux : la mémoire chevaleresque à l'état presque pur, dont, sans ce témoignage, nous ne saurions à peu près rien.

A l'en croire, ce serait sa propre mémoire que Jean le Trouvère aurait fouillée. Lorsqu'il rédigeait la biographie, on peut penser qu'il était établi dans la forte domesticité de Guillaume le Jeune. Mais, si l'on ne tient pas pour artifice de style ou pour simple cheville qu'il intervienne personnellement, ici et là, au détour d'un vers, affirmant « *j'ai vu ceci* », « *je me souviens de cela* », il faut supposer que cet écrivain pourrait bien être l'un de ces hérauts d'armes qui, sur le champ des tournois, ordonnançaient les rencontres, identifiaient les protagonistes à leurs signes héraldiques et faisaient mousser, en chantant leurs exploits, la réputation des champions. Et que, comme d'autres spécialistes de la publicité chevaleresque, il avait compté, au moins par périodes, parmi les intimes du Maréchal, qui payait bien. D'autre part, comme les faits dont l'auteur prétend, par ces notations, avoir été témoin direct remontent jusqu'aux alentours de 1180, le poème aurait été écrit par un homme déjà fort âgé. L'état du dialecte normand dont il use confirmerait le fait : il est si plein d'archaïsmes qu'on croirait l'œuvre composée trente ans plus tôt, à la fin du XIIᵉ siècle. Le confirmerait aussi l'insistance que met Jean – mais n'est-ce pas un lieu commun, en ce temps, de la littérature de cour? – à pleurer sur le temps passé où tout, selon lui, était plus beau.

Toutefois, pour l'essentiel, la « *matière* », comme il dit, le matériau qu'il façonne lui vient d'autrui. Lorsque, dans les derniers vers, il expose le générique de l'ouvrage et supplie Dieu de donner « *la joie du paradis* » à ceux qui se sont associés pour qu'il fût mené à bien, il fait état de trois personnes : le producteur – c'est Guillaume, « *le bon fils* »; le réalisateur – c'est lui-même; enfin un troisième homme qui, par amour, par « *bon amour* » de son seigneur, fournit l'information, consacrant à cet office « *son cœur, sa pensée et son avoir* » – Jean. Comme Paul Meyer, éditeur de ce texte, je pense que ce Jean n'est pas le même. Celui-ci est fort bien identifié. Nous l'avons rencontré tout à l'heure, plus proche que tout autre du Maréchal à l'agonie, Jean d'Early. Le surnom qu'il porte désigne un village du Berkshire, voisin de Reading, voisin aussi de Caversham. Jean sortait donc du pays où le Maréchal était né. Il possédait là des domaines. Peut-être était-il son parent lointain. Il fait son entrée dans le récit en 1188, lors de la prise de Montmirail, dans le Maine. Il était alors l'écuyer du Maréchal, son assistant. Il avait le soin du harnais, gardait le cheval de combat, portait l'écu. Telles fonctions incombaient normalement aux jeunes gens, aux apprentis du métier militaire : Guillaume s'était trouvé dans la même position une vingtaine d'années plus tôt. A ce moment, Jean d'Early venait d'entrer à son service. Le Maréchal se l'était attaché à son retour de Terre sainte; auparavant, il avait eu pour écuyer Eustache de Bertrimont. Comme Guillaume jadis, comme Eustache naguère, Jean devint bientôt chevalier, mais ne se sépara pas de son maître. Il le suivit pas à pas, partageant la même fortune. Ainsi se haussa-t-il lui aussi peu à peu, à son rang : le roi Jean, en particulier, le combla de faveurs. Il semble bien cependant qu'il resta « jeune », au sens qu'avait ce mot dans le langage des chevaliers : il ne prit sans doute jamais d'épouse. Il mourut en tout cas sans enfant : en 1231, son frère Henri recueillit tout son héritage. Il fut lié à Guillaume le Maréchal toute sa vie, par ce que le poème appelle l'amour.

Un mot très fort : l'amitié virile à son comble. Elle justifie le rôle que remplit ici Jean d'Early. Il est l'informateur par excellence. La matière du poème est essentiellement constituée par ce dont sa mémoire s'est remplie pendant les trente et un ans qu'il servit le défunt. Ce dépôt, il semblerait que le poète, lorsqu'il se mit à versifier, l'ait utilisé sous forme écrite. N'indique-t-il pas à plusieurs reprises : « *l'écrit dit ce que je dis* », « *c'est ce que l'écrit me fait entendre* »? S'il ne lut pas les chroniqueurs d'Eglise, il travailla pourtant, c'est certain, sur des parchemins. Tel ce compte ancien que l'on conservait dans les archives de la maison et dont il se servit pour préciser ce que le Maréchal avait gagné durant une campagne de tournois. Mais aussi cet autre écrit, ou plutôt ces autres écrits dont il parle, et qui divergent, il nous le dit, à propos de la bataille de Lincoln : la matière de l'*Histoire* ne fut donc pas tout entière mémoire oralement transmise. En tout cas, si l'on s'en tient à ce que l'auteur avance, une part au moins du souvenir qu'il fut chargé d'élaborer était précédemment passée de l'oral à l'écriture. Fixée déjà dans des notes. Serait-ce que Jean d'Early ait commencé lui-même à célébrer la gloire de son seigneur et bienfaiteur à ses frais (puisqu'il est bien précisé qu'il mit de l'« *avoir* » dans l'affaire), dictant à des lettrés ce dont il se souvenait? Peut-être. Du moins ne fait-il pas de doute que le plus sûr vient de Jean d'Early, *alter ego* du Maréchal, qui lui survit et qui parle. Racontant ce qu'il a vu de ses yeux mais également, et surtout peut-être, ce que le Maréchal, lorsqu'il était vivant, racontait et aimait à entendre raconter.

Le souvenir de Jean d'Early est en réalité celui même de Guillaume le Maréchal. Jean était le porteur attitré de ce souvenir; il le porte encore, après la mort, et le fourbit, comme jadis il avait porté et fourbi les armes de son patron. Il le délivre, reluisant, lorsqu'il est requis de le faire. En bon serviteur, aimant d'amour son maître. Par la bouche de Jean, son cadet d'une vingtaine d'années, Guillaume lui-même s'exprime. La matière vient de lui, de sa propre mémoire. La chanson, finalement, est-elle autre chose que ses mémoires, non point personnellement écrits, mais dits et fidèlement rapportés? Une autobiographie? L'équivalent de ces vies de soi-même que, prenant saint Augustin pour modèle, des intellectuels, Guibert de Nogent, Abélard, avaient entrepris d'écrire un siècle plus tôt? Ne détenons-nous pas les souvenirs personnels d'un chevalier contemporain d'Aliénor d'Aquitaine et de Philippe Auguste? Tirons profit de cette aubaine.

*

Ces souvenirs sont étonnamment fidèles. Comme le furent, cent ans plus tard, d'une incroyable précision pour le détail de la chose vue, ceux de Joinville qui, plus âgé encore, scruta son passé comme le fit Jean d'Early, et dans la même intention : faire revivre son défunt maître, répétant les paroles que Saint Louis avait prononcées, rappelant ses attitudes, la couleur de ses habits, lui aussi disant, dictant. Mémoire exacte, infaillible, prodigieusement riche, celle de tous les hommes de ce temps qui ne lisaient pas, n'écrivaient pas (Guillaume le Maréchal, nous le savons, était analphabète : un jour, son ami Baudouin de Béthune lui fit porter une missive; il se la fit lire par un clerc, lequel remplit très bien sa tâche, « *mot à mot* », dit la chanson, « *sans rien sauter* »), qui devaient par conséquent se fier entièrement à ce que leur cerveau classait et qui donc prenaient garde à ne pas laisser s'atrophier cette faculté naturelle, la tenant en état sans y penser par de constants exercices, par la pratique du chant (Guillaume aimait à chanter), par la récitation, la mimique, le remâchement des paroles entendues.

De cette mémoire fidèle, le rapport est sincère. Nous pouvons contrôler. Paul Meyer, qui procura de l'*Histoire* une admirable édition dont les trois volumes furent publiés pour la Société de l'Histoire de France, en 1891, 1894 et 1901, accompagna le texte d'un commentaire copieux, précis, qui permet toutes vérifications. Une trentaine d'années plus tard, Sydney Painter, qui devait compter parmi les meilleurs médiévistes américains et fut l'un des premiers à étudier sérieusement la culture chevaleresque, explora avec plus de soin encore les archives; son livre, *William Marshal, Knight-errant, Baron and Regent of England,* qui parut à Baltimore en 1933, fournit tous les compléments souhaitables. Je m'appuie sur ces deux monuments d'érudition et je me sens tout à fait à l'aise. Ils me persuadent que rien de ce que relate la chanson n'est franchement contredit par ce qui fut écrit en ce temps et qui reste, chroniques ou chartes. Les seules déformations tiennent d'abord à ce que ce document littéraire est un panégyrique, comme l'étaient les *Vies* de saints et de rois, un plaidoyer pour soi-même, comme le sont toujours les mémoires. Il exagère les mérites, certainement, fait porter sur eux toute la lumière et maintient soigneusement dans l'ombre le moins glorieux, effaçant ce qui ternirait l'image.

C'était l'une des fonctions de cette littérature familiale que de contribuer à défendre les intérêts du
lignage en disculpant les hommes de la parenté
dont la conduite. était blâmée, en héroïsant les
couards, les sournois, les pervers, contredisant, par
l'exaltation de leurs vertus supposées, tous les
ragots qui pouvaient courir à leur encontre. L'apologie allait parfois trop loin. Et c'est peut-être ici le
cas. S'il paraissait nécessaire, après 1219, d'insister
autant sur la loyauté de Guillaume (« *loyal* », il est
vrai, rime avec « *Maréchal* »), n'était-ce pas qu'il
était urgent d'étouffer des rumeurs de félonie?
Nous en possédons en tout cas les preuves, sa
réputation n'avait pas l'excellence que l'auteur du
poème nous dit, et beaucoup en Angleterre allaient
parlant de manquement au devoir vassalique, de
perfidie. Prenons l'éloge pour ce qu'il est, sans être
dupe.

L'autre défaut résulte des défaillances du souvenir. L'oubli ronge ses assises les plus lointaines.
Ainsi voit-on, lorsque le regard se risque hors de
l'époque où Jean d'Early a pu être témoin direct,
fléchir la rigueur qui, pour des temps plus proches,
maintient en exacte continuité linéaire le vecteur
sur quoi sont situés à leur juste place les faits et les
gestes. Et la mémoire s'effiloche, part en lambeaux,
perd toute cohérence lorsque Jean le Trouvère
n'ose plus dire « *j'ai vu* », lorsque les événements
qu'il relate sont vieux de plus de quarante ans.
Par-delà 1188, la vision devient floue; elle se
brouille tout à fait par-delà 1180. Le reproche, à
vrai dire, est mineur quant au but que je poursuis.
En effet, je me soucie moins des faits que de la
manière dont on s'en souvenait et dont on en
parlait. Je n'écris pas l'histoire des événements. Elle
est écrite, et fort bien. Mon propos est d'éclairer ce

qui l'est encore très mal, en tirant de ce témoignage, dont j'ai dit l'exceptionnelle valeur, ce qu'il apprend de la culture des chevaliers. Je veux simplement tenter de voir le monde comme le voyaient ces hommes.

*

Je parle bien d'hommes. Ce monde est masculin. Seuls les mâles y comptent. Il faut mettre en évidence dès le départ ce premier trait, fondamental : très peu de figures féminines dans ce poème, et dont les apparitions sont fugitives. Les seules femmes qui tiennent un petit moment la scène sont de la parenté du héros et de la plus étroite : mère, sœurs, épouse, filles – la famille restreinte, le cercle où s'impose le tabou de l'inceste, non pas selon les prescriptions de l'Eglise qui étendait démesurément l'interdit, mais selon la morale que respectaient alors les gens. Encore ces très proches parentes demeurent-elles comme des ombres, à peine entrevues. De la mère de Guillaume, on nous indique tout juste le nom, la maison, illustre, dont elle sort, et qu'elle eut à cœur d'envoyer l'un de ses familiers aux nouvelles de son petit garçon prisonnier. On a déjà remarqué la place que l'épouse occupe : marginale. Elle n'apparaît vraiment, avec ses filles, que durant la longue séquence de l'agonie. Appelées de temps à autre par les hommes, ces femmes entrent dans la chambre où le Maréchal se meurt; elles n'y restent guère, elles n'y ont pas la parole; rien de ce qu'elles ont pu dire, en tout cas, n'a paru digne de nous être rapporté; tous les dialogues sont masculins. Elles pleurent, elles s'évanouissent, elles tiennent le rôle qui convient à la gent féminine en telles circonstances. Reste cette pointe de tendresse, de la part du mourant, pour la compagne de vingt années, pour la plus démunie de ses filles. Il pleure à son tour sur elles. Et ce sont les seules larmes qu'on nous le montre verser. Mais nulle part il n'est marqué qu'il se soit soucié de ces femmes avant la scène des adieux. Sinon à propos d'épousailles, les siennes et celles des quatre aînées. Des mariages, c'est-à-dire des affaires graves. Et ces affaires, ce sont les hommes qui les traitent entre eux.

Ici et là, on aperçoit, traversant le récit, d'autres femmes. J'ai compté, en tout et pour tout, sept de ces émergences, qui toutes ou presque sont fort courtes. La plupart sont appelées par le développement même du récit. Décrivant la mort du héros, il lui fallait faire place aux filles qui décemment visitent leur père moribond, qui décemment assistent à son dernier soupir. De même convient-il, dans les péripéties de ce jeu spécifiquement masculin qu'est le sport militaire, de faire intervenir par endroits quelques personnages féminins. Certains directement engagés, puisqu'il arrive à des femmes de prendre part à de telles actions. Mais celles-ci sont-elles encore vraiment des femmes? Dépouillées de toute féminité, elles combattent en vérité comme des hommes. Telle Dame Nicole qui tenait par héritage le château de Lincoln : elle le défendit de tout son pouvoir contre les gens du prince Louis de France. Telles aussi, moins bien nées, mettant pleinement la main à la pâte, les bourgeoises de Drincourt (aujourd'hui Neufchâtel-en-Bray). Dans cette bourgade, les chevaliers français et normands étaient aux prises, lorsque les seconds prirent le dessus; ces femmes alors suivirent leurs maris qui sortaient des maisons et poursuivirent les Français en débandade, armées de massues, de bâtons, de haches. Auparavant, ces amazones, en compagnie des dames de la noblesse, se pressaient aux fenêtres et sur les galeries. Depuis le début de la partie, elles suivaient en spectatrices passionnées les phases du combat.

Il faut dire que ce combat, dans le poème, est décrit comme le sont d'ordinaire les tournois, avec hérauts, ménestrels comptant les coups, et public attentif de supporters. En effet, dans l'incertitude dont j'ai parlé, puisque cet événement se tient aux arrière-plans de la mémoire, le héros est censé avoir été armé chevalier ce jour-là. C'est pourquoi l'escarmouche est traitée comme l'une de ces fêtes où les chevaliers nouvellement adoubés faisaient montre de leur vaillance, paradant devant des admiratrices. En vérité, l'histoire de Guillaume le Maréchal donne à penser que les femmes, en ce temps, n'assistaient pas aussi souvent qu'on le suppose aux tournois. De descriptions de tournois, le récit que j'utilise est plein à ras bord. Or la présence féminine est mentionnée, et sur les lisières de l'action, dans deux seulement de ces rencontres. A Pleurs, en Champagne, c'est après la fin du match : une femme de haut parage, qui voulait bien faire, vint offrir au duc de Bourgogne, parrain de l'une des équipes, un brochet mirobolant, long de deux pieds et demi et davantage. Cet objet symbolique constituait le prix, destiné au meilleur. (Il est notable, certes, qu'il revînt à une femme de le décerner, et ce trait est de nature à conforter ceux qui croient à la promotion de la femme au XIIᵉ siècle, se plaisant à imaginer, dans un décor troubadouresque, des belles couronnant les preux.) Quand on est prince, noble de cœur, on ne conserve pas pour soi de tels dons, on les distribue à d'autres, feignant de juger ceux-ci plus vaillants que soi-même. Ce que fit le duc de Bourgogne. « *Pour doubler l'honneur* » de la dame, laquelle était courtoise, savante et, dit la chanson, elle-même preuse, la belle pièce passa donc de main en main parmi le très haut baronnage pour aboutir bien entendu entre celles du Maréchal.

Au tournoi plus éclatant encore de Joigny, les dames paraissent à l'ouverture. L'équipe dont le Maréchal est capitaine est déjà prête; elle attend tout équipée le signal du départ, à l'aise, fringante, sur les lices. Voici que sort du château la comtesse, « *bien faite de visage et de corps* », escortée de dames, de demoiselles « *élégantes, courtoises et de bon genre* ». Les chevaliers ne se contiennent plus, rompent les rangs; ils se portent à leur rencontre, ragaillardis, attirés par l'appât, éperonnés par la vision de ces charmantes : « *le hardiment double en leur cœur* ». Pouvoir féminin, cette fois incontestable. Regardons cependant de près quel rôle est assigné aux femmes. Elles sont là pour exciter les guerriers à plus de vaillance. On se bat mieux sous leur regard; la guerre, ou le simulacre de la guerre, prend alors l'allure d'une compétition de mâles, d'une de ces parades érotiques dont les ethnologues nous persuadent qu'elles entrent en jeu au plus élémentaire des mécanismes de la vie. A Joigny, pourtant, les femmes remplissent une autre fonction : distraire les hommes, les aider à passer le temps lorsque ce temps leur dure et que, n'ayant pas à combattre, le chevalier dans son armure ne sait que faire. En effet, aussitôt – comme toujours, ce sont les hommes seuls qui parlent – : « *Allons-y, dansons, pour tromper l'ennui de l'attente* ». Observons avec soin la scène, car l'occasion n'est pas fréquente d'entrevoir comment l'on dansait à l'époque. Hommes et femmes se prennent par la main pour quelque chose comme une ronde. Point de musiciens, le chant seul soutient la danse. « *Qui aura la courtoisie de chanter?* » Le Maréchal, évidemment. Il entonne un chant à simple voix, et tous l'accompagnent. Courtoisie. On l'attendait dans une œuvre rimée à la manière des romans dans le temps même où Guillaume de Lorris composait le *Roman de la Rose*, et qui s'applique à décrire les plaisirs qu'un homme de bonne naissance prend dans la vie. Or je fais remarquer combien la présence de la courtoisie est discrète. Au long de descriptions si prolongées, si complaisantes, des jeux militaires, il n'est fait qu'une seule allusion à de tels intermèdes où, pour jouer, les chevaliers se mêlaient un moment à des femmes de leur rang. Et même ici, l'attention ne se porte pas sur celles-ci. Est-on bien sûr que Guillaume, exhibant ses talents de chanteur, cherchait à plaire à la comtesse et à ses suivantes plutôt qu'à affirmer par une prouesse d'un autre genre sa prééminence sur ses camarades de combat, prolongeant parmi les dames un concours d'excellence virile qui se déroulait la plupart du temps entre hommes seuls?

Quoi qu'il en soit, au cours de ces quelque vingt mille vers, il ne nous est montré que trois femmes qui, sans être ses proches parentes, furent en rapport direct avec le Maréchal. Les voici. Celle qui, dans le récit, fait son entrée la première est une dame, l'épouse d'un seigneur qui prit Guillaume en pitié lorsque, très jeune encore, gravement blessé, la bande d'Aquitains qui l'avait capturé, et qui fuyait, le traînait de retraite en retraite pour qu'il ne fût pas repris par les siens. A l'une de ces étapes furtives, une femme de qualité, « *franche et débonnaire* », un soir le regarda, de loin. Amour? Désir peut-être? Cette femme n'était-elle pas l'une de ces épouses inassouvies que Dieu, pour éprouver de futurs saints, portait, selon les hagiographes, à poursuivre de nuit les adolescents gîtant dans leur demeure? En tout cas, c'est l'estime que le trouvère met ici seule en avant. La dame interroge. On lui relate quelle preuve de courage vient d'administrer le jouvenceau : il a mis son corps en péril pour venger la mort de son oncle assassiné. Elle envoie quelqu'un demander : de quoi a-t-il besoin? D'étoupe, pour panser sa blessure : elle lui fait passer la charpie, en fraude, dans un pain dont elle a retiré la mie, sournoise comme le sont les femmes trop tendres. Mais sans qu'il nous soit dit qu'elle ait elle-même approché le garçon : ce ne furent pas des mains féminines qui soignèrent Guillaume, mais les siennes propres, devenues pour cela chirurgiennes.

La seconde histoire est d'amour, mais d'un amour dont le héros n'est ni le sujet ni l'objet. Il chevauchait, seul, accompagné d'Eustache, son écuyer, vers Montmirail où l'attendaient deux de ses compagnons d'aventure, Baudoin de Béthune et Hue de Hamelincourt. En cours de route, il lui prend envie de dormir; il s'étend sur le côté de la voie, peut-être romaine, commande de débrider les chevaux, de les laisser paître sur le découvert. Il s'assoupit. Un bruit le réveille. Une voix de femme, tout près de lui; elle dit – c'est la seule femme dans toute la chanson dont on entende les paroles – « *Ah, Dieu, comme je suis lasse.* » Elle n'est pas seule. Ouvrant les yeux, Guillaume aperçoit un couple qui passe, monté sur deux palefrois bien nourris, « *emblant grande emblure* », et chargés de trousses lourdement garnies. L'homme est beau, franc, la femme, belle, dame à coup sûr, ou demoiselle. Tous deux parés, des chapes de bon drap flamand, très élégants. « *Eustache, qu'est-ce que j'entends là? Mettez la bride à mon cheval, je veux savoir d'où ils viennent, où ils vont.* » (Il est de bon ton, en effet, d'aborder ceux que l'on croise en chemin, lorsqu'ils sont gens de qualité). Dans sa hâte, le Maréchal oublie son épée. Rejoignant le cavalier, il l'agrippe par la manche du manteau, l'interroge : « *Qui êtes-vous? – Un homme. – Je vois bien que vous n'êtes pas une bête.* » L'autre se dégage d'un coup sec, s'apprête à dégainer : « *Vous cherchez la mêlée, vous allez l'avoir* » (le dialogue est de Jean le Trouvère, que je suis presque mot à mot). « *Eustache, mon épée!* » L'inconnu laisse tomber le manteau, range son arme, détale. Il est aussitôt rattrapé. Il se débat, son chaperon saute, il apparaît tondu : c'est un moine, le plus beau du monde. Plein de honte, angoissé, il se rend : « *Nous sommes en votre merci. Je suis moine, ça se voit. Elle, c'est mon amie* » (notons bien le mot : non pas son épouse). *Je l'ai enlevée de son pays. Nous allons en terre étrangère.* » En larmes, la fille avoue qu'elle est flamande, sœur de Monseigneur Raoul de Lens. « *Vous n'errez pas par sens* », lui reproche Guillaume (il est insensé pour une fille de bonne famille de courir les chemins comme une putain; les seuls errants supportables sont chevaliers). « *Laissez cette folie. Je vous raccorderai à votre frère : il est de mes connaissances.* » Mais elle : « *Jamais on ne me reverra dans un pays où je suis connue.* » Le Maréchal n'insiste pas, s'inquiète : sont-ils pourvus? Ont-ils deniers ou autre monnaie? Le moine exhibe une ceinture toute gonflée de piécettes; il y en a, se vante-t-il, pour au moins quarante-huit livres; cet argent, il le placera à intérêt, dans une bonne ville marchande; ils vivront de la rente. « *D'usure? Par le glaive Dieu, non pas. Eustache, saisissez les deniers.* » La chose faite, le couple a loisir de filer. « *Puisqu'ils refusent de s'amender, puisque leur mauvaiseté les entraîne* », Guillaume les renvoie au diable. Eustache avait ordre de ne rien dire lorsque le Maréchal rejoignit ses amis. Ils perdaient patience, affamés. Pour leur redonner du cœur, Guillaume lança le sac sur la table de l'auberge. On recompta; le moine n'avait pas menti : plus de dix mille deniers, de quoi s'offrir de fort belles choses. Après manger et boire, Guillaume raconta d'où venait l'aubaine. Hue protesta : on leur avait laissé montures et bagages : « *Çà, mon cheval, je m'en vais leur parler.* » Guillaume le calma. Il entendait qu'on en restât là.

L'anecdote est de celles que l'on se plaisait à répéter auprès du Maréchal vieillissant. Sa leçon est de plein intérêt pour l'historien des mœurs. Elle lui révèle ce que presque toutes les sources qu'il interroge dérobent à son regard, mises à part les romanesques qu'il considère avec raison d'un œil critique : les filles, dans les maisons de haut parage, n'étaient pas toutes dociles; il arrivait que leurs amours soient libres, que des couples se forment sans l'assentiment de la parenté. Les orphelines, objets de marchandage entre leur frère et les preneurs d'épouse, s'employaient quelquefois à se marier toutes seules. On voyait, moins exceptionnellement peut-être que nous serions tentés de croire, le rapt, la fugue, les engagements clandestins, bref, l'amour, venir contrecarrer les manigances des chefs de famille. Il n'était pas impossible après coup, par l'entremise des amis, d'arranger les choses, d'apaiser les rancunes, de réconcilier les pucelles avec ceux dont elles avaient esquivé le contrôle, de les faire rentrer, quelque peu défraîchies, dans le circuit régulier des échanges matrimoniaux. A condition bien sûr qu'elles s'y prêtent.

On voit par cette histoire que certaines, soit en raison de la vergogne, soit en raison de la passion, ne se laissaient pas ranger, qu'il s'en trouvait d'obstinées à vouloir faire elles-mêmes leur vie, quoi qu'il leur en coutât.

La morale du chevalier – ceci, en revanche, est bien connu – lui dictait de se porter, bride abattue, au secours des femmes bien nées lorsqu'il les voyait en danger. De fait, dès que la plainte féminine, qu'il prend pour un appel à l'aide, parvient à ses oreilles, Guillaume bondit. Mais la morale du chevalier lui interdisait également de forcer les femmes. Quand il s'agit d'amour, il doit respecter leur volonté. D'ailleurs l'Eglise, de son côté, enjoint elle aussi de le faire. Le lien conjugal que Dieu bénit ne se noue-t-il pas, proclame-t-elle obstinément, par l'adhésion du cœur, par le consentement mutuel? Le Maréchal, parfait chevalier, se domine par conséquent : il laisse l' « amie » à son ami. Cependant, il bout : c'est que cet ami est un moine. Dérision. Des moines, il n'a pas coutume de se soucier beaucoup en ce moment florissant de sa vie. Cependant, que des filles de bonne famille leur offrent leur corps le révolte. Un clerc, à la rigueur, et encore. La chevalerie entend se réserver toutes les femmes de son sang; aux mâles d'autres conditions, elle interdit jalousement de les prendre. Comme jadis le comte Guillaume de Poitiers, troubadour, le Maréchal juge que les dames et les demoiselles qui ne refusent pas tout autre amour que l'amour des chevaliers méritent le feu du bûcher, ou bien un autre. Certes, conformément au précepte de la paix de Dieu, il ne se sent pas le droit de porter la main sur la femme coupable. Ni sur son amant : la mission des chevaliers n'est pas de faire respecter les vœux monastiques. Du moins saisit-il l'occasion qui lui est tendue de châtier : il y a l'argent. Ils en ont sûrement. De cet argent qui lui brûle les mains, que d'ailleurs il ne veut pas toucher de ses propres mains, chargeant l'écuyer de le prendre dans les siennes. De cet argent qui sert au plaisir chevaleresque, que le chevalier dépense à cœur joie, qu'il aurait honte d'épargner. Peu importe comment celui-ci fut acquis. Le répugnant est que ce tonsuré, qui met les filles nobles dans sa couche, prétende s'en servir comme en userait un bourgeois, en le faisant rapporter. Un homme de qualité ne « gagne » pas de la sorte. Il gagne aussi, mais par sa vaillance, en saisissant des proies au risque de son corps, non pas en tirant profit de la gêne des autres, en prêtant – en particulier, il le sait bien, à des chevaliers, aux chevaliers imprévoyants, à taux usuraires. Guillaume rafle donc le magot en toute bonne conscience. Ne prenant que cela, les pièces, les détournant d'un mauvais usage pour en faire le seul qui ne soit pas malodorant : pour les gaspiller dans la fête. Saisir le reste serait brigandage. Mais cette saisie-là lui paraît honorable, comme à ceux qui, pour sa gloire, propagèrent le souvenir de ses bonnes actions. Quant à la femme, il ne l'a pas touchée non plus. Il l'a traitée, cette méchante, selon les lois de chevalerie.

Enfin – et voici la dernière silhouette de femme qui prend place dans le récit, mais impalpable, à peine visible : elle n'est pas nommée; on ne voit pas son visage; elle n'est présente que dans le discours des hommes, dans le débat dont elle est parmi eux l'objet –, un amour attribué celui-ci au Maréchal, un amour coupable. En 1182 – à trente-cinq ans au moins –, il n'a pas encore d'épouse : il est, comme on disait, « *bachelier* », mais déjà glorieux, célèbre, donc envié. Par ses compagnons les plus proches, les hommes de guerre qui, comme lui, font partie de la grande maison militaire constituée pour Henri le Jeune, héritier du roi d'Angleterre, que son père, Henri Plantagenêt, a fait sacrer et couronner, l'associant à son pouvoir. Ils sont cinq à jalouser Guillaume. De trois d'entre eux, le poète tait le nom : lorsqu'il écrit, leur lignage n'est pas éteint. Il nomme seulement Adam d'Iqueboeuf et Thomas de Coulonces. Les cinq veulent perdre leur camarade parce que leur commun seigneur l'aime trop. C'est bien ce qu'ils lui envient, la grande amour dont il est l'objet. Ainsi, tout dans cette affaire tourne autour de l'amour, mais ne nous méprenons pas : autour de l'amour d'hommes entre eux. Ceci ne nous étonne plus; nous commençons de découvrir que l'amour à la courtoisie, celui que chantaient, après les troubadours, les trouvères, l'amour que le chevalier porte à la dame élue, masquait peut-être bien l'essentiel, ou plutôt projetait dans l'air du jeu l'image invertie de l'essentiel : des échanges amoureux entre guerriers.

L'histoire est longue. Je l'examine dans tous les détails que rapporte le poème. Non seulement parce que le Maréchal la racontait ou aimait à l'entendre, mais surtout pour la lumière très crue qu'elle répand sur la réalité des relations entre masculin et féminin à la fin du XIIᵉ siècle, dans les grandes cours dont les princes offraient pour les divertir, à leurs amis rassemblés, la lecture des romans bretons. Les envieux, les « losengiers » (Jean l'Anonyme emploie les mots des romanciers) trament donc une intrigue. Elle va fermenter parmi les familiers du maître qui se disputent ses faveurs et qui s'épient les uns les autres. Elle finira par transformer l'amour du seigneur en « *grande haine et cruelle* » envers celui qu'ils veulent perdre. Toutefois, prenant soin de n'être pas eux-mêmes haïs, ils sèmeront seulement le soupçon. Adam et Thomas sont normands. Ils commencent par un autre Normand, Raoul de Hamars, tablant d'abord sur l'orgueil d'ethnie, touchant là une corde très sensible : « *Nous sommes tous abâtardis, si nous continuons de nous laisser damer le pion par cet Anglais.* » On ne parle que de lui en Normandie et en France. Et pourquoi? Parce qu'il a dans sa manche Henri le Norrois, héraut d'armes, lequel, à l'ouverture de tous les tournois, lance le cri de guerre de Guillaume : « Çà! Dieu aide le Maréchal! » Les meilleurs accourent, s'agrègent à son équipe. Il n'a plus qu'à tendre la main pour s'emparer des chevaux et des chevaliers. Voilà d'où vient sa chevalerie, le renom qui nous éclipse, et l'argent dont il se fait tant d'amis. Mais ce n'est pas ce qui nous courrouce. Nous n'en croyons pas nos oreilles : à l'épouse d'Henri, notre sire, Guillaume « *fait cela* ». Quoi? L'amour? Non, le mot ne vient pas. Le mot amour, tout au long de la chanson, n'intervient jamais qu'à propos de ce sentiment qu'entretiennent entre eux les hommes. Ce dont il s'agit ici est beaucoup plus simple : le Maréchal couche avec la reine.

La reine, l'épouse du jeune roi Henri, est Marguerite, fille du roi Louis VII de France, sœur de Philippe Auguste. En 1168, pour consolider la paix récemment conclue entre la maison capétienne et celle des Plantagenêt, elle fut donnée par son père au fils de Henri II. Ce garçon avait alors cinq ans, elle trois. Maintenant elle en a vingt-cinq, dix de moins que le Maréchal. Voilà tout ce que l'on sait d'elle. Et par d'autres sources, car le poème, je l'ai dit, ne prononce même pas son nom. Elle paraît dans la biographie comme une sorte de signe abstrait, un attribut valorisant, rehaussant l'éclat du héros. Très vivement, en vérité. Qui peut rêver, sinon Tristan, amie de meilleur parage? Encore Tristan était-il le neveu du roi Marc. Guillaume est loin de pouvoir prétendre à si haute parenté. Il n'est qu'un garçon d'aventure, comme ceux qui l'accusent.

La présomption d'adultère est latente dans les maisons nobles. Tous les chevaliers jeunes (Guillaume ne l'est pas tant que cela, mais il est « jeune » au sens de l'époque : il n'est pas marié) font le siège de l'épouse du seigneur. C'est le jeu, courtois. Il pimente la compétition permanente dont la cour est le lieu. Tous rivalisent. Qui gagnera l'amour de la dame pour s'attirer celui du seigneur? Mais on risque de se prendre à ce jeu, de dépasser les bornes convenues. Il devient alors dangereux. Une femme n'est guère défendue dans ces grandes demeures sans cloisons, obscures dès que la nuit tombe et remplies d'hommes. Elle-même, généralement frustrée, a parfois le goût de se réjouir. La promiscuité favorise des conjonctions qui ne sont pas seulement de parade. Jadis, dans la maison du roi de France, le grand-père et la mère du jeune Henri, Guillaume Plantagenêt et Aliénor d'Aquitaine, la reine, ont peut-être ainsi mêlé leurs corps; Geoffroy du moins s'en vantait. En tout cas, chacun pense que de telles fornications, violentes ou consenties, sont possibles; le chef de maison les redoute, craint de se voir attribuer des enfants nés d'une autre semence et qui usurperaient les biens ancestraux; tous autour de lui sont aux aguets, empressés à tenir en éveil la jalousie du patron pour se faire bien voir de lui, pour évincer les camarades. « *Si le sire roi*, disent Adam et Thomas, *connaissait la " rage " du Maréchal, nous serions bien vengés de lui.* » Ils pressent Raoul de dévoiler le « *hontage* », la « *laidesse* » dont le roi est « *honni et trompé* ». Une honte qui rejaillit sur les siens et dont ils se tiennent eux-mêmes pour avilis.

Prudemment, Raoul se dérobe. Pas plus que les losengiers, il ne souhaite encourir la colère du seigneur, ni de celui qu'il s'agit de compromettre. Qu'importe, la rumeur court déjà. Guillaume le Maréchal en a vent par Pierre de Préaux. La honte, juge-t-il, serait pour lui s'il se défendait du mensonge. Sûr de son innocence, il attend que la vérité s'impose. Nul n'ose encore parler au mari. L'un des cinq imagine alors d'utiliser, parmi les hommes de la maison, l'un des plus maniables. Il est de ses très proches, cousin germain et des deux côtés; c'est un « valet », un petit gars, un jeune adolescent que le roi aime (il est cette fois question d'amour). On le fait boire en déraison, piégeant ainsi ce Raoul Farci, le bien-nommé. Il rapporte la chose au roi qui d'abord se refuse à croire. Alors les cinq comploteurs sortent de l'ombre, portent le témoignage collectif que la coutume exige pour soutenir l'accusation contre l'épouse et ouvrir la cause. Ils confirment : ils sont au courant « *par ouïe et par vue* ». Troublé, c'est-à-dire convaincu, Henri le Jeune agit comme il doit le faire.

En ce qui concerne Marguerite, pas un mot dans le texte qui m'informe. C'est comme si elle n'existait pas, c'est comme si les hommes ne s'en souciaient pas le moins du monde, pas même son mari, attentifs aux seules fluctuations de l'amour et de la haine parmi eux, au sein de l'univers clos du masculin. La reine fut-elle interrogée, soumise à l'épreuve du fer rouge, naguère encore d'usage en telles circonstances? Nous savons seulement qu'Henri, quelques mois plus tard, la renvoya, comme un objet dont il ne lui plaisait plus de se servir, à son frère, le roi Philippe de France, lequel la réutilisa bientôt, la remariant au roi Bela de Hongrie. Mais aucune chronique ne nous dit que le renvoi eut d'autres motifs que les aléas d'une diplomatie dont mariages et répudiations constituaient en ce temps le moyen le plus habituel. Quant au Maréchal, son seigneur lui tourna le dos et cessa de lui parler. Il lui retira son amour. Le seul châtiment, mais le pire, dont il fut durement tourmenté.

Trahi, ou feignant de l'être, Guillaume quitta la cour. De son plein gré, dit l'histoire. Bientôt, pourtant, il se remit à espérer. Henri le Jeune avait besoin de lui : on annonçait le dernier tournoi de l'automne 1182, avant que l'approche de Noël n'interrompît la saison sportive. L'équipe d'Angleterre n'aurait rien valu si le maréchal n'en avait pas été comme naguère le pilier. La honte et la rancune s'effacèrent devant le désir de remporter encore la coupe dans les championnats militaires. Nous mesurons ici ce que pouvait valoir la jalousie, ce que valaient aussi les femmes, à l'aune des plaisirs que les chevaliers attendaient de la vie. On vit donc accourir Guillaume tout armé, à l'instant même où, sous les couleurs des Plantagenêt, les chevaliers allaient entrer sur le terrain. Sans mot dire, le Maréchal les rejoignit, il fit au milieu d'eux, tout le jour, ce qu'on attendait de lui, en excellence, se retenant pour une fois de gagner à la manière qui convient aux gentilshommes, de capturer des chevaux, des cavaliers, des harnais. A deux reprises, il se porta à la rescousse de celui qui n'avait pas cessé d'être son seigneur, le dégageant au moment où il allait être pris. A ses prouesses, le parti d'Henri le Jeune dut la victoire. Des deux côtés on s'accorda à déclarer Guillaume le meilleur de la journée.

Quand, à l'accoutumée, les hauts barons se réunirent après la rencontre, le comte de Flandre, en plaisantant, fit reproche au jeune roi : « *Beau cousin, quand on a un chevalier comme le Maréchal, on ne le laisse pas s'éloigner.* » Etait-ce raillerie après boire ? La rumeur d'adultère s'était-elle répandue hors de la maisonnée ? L'interpellé ne répond rien ; il ne peut donner ses raisons ; on le voit rougir, et Guillaume avec lui, de honte et de colère. Silence entre les deux hommes. Le dévouement, le service parfaitement rempli ne suffisent pas à réveiller l'amour. La rancœur est plus forte, elle étouffe la reconnaissance. Guillaume, donc, reprend sa route, tout seul. Aucun de ses amis n'ose, devant le ressentiment du patron, lui faire compagnie.

Les jaloux veulent davantage. Ils ont vu leur seigneur faire mauvaise figure au glorieux, mais découvrent aussi qu'il ne parvient pas à se passer de lui. Il leur faut donc frapper plus haut. Ils vont à Rouen informer Henri le Vieux, le père. Celui-ci frémit sous le « *hontage* ». Sans plus. Au fond de lui, fort satisfait : la bande de bagarreurs que son fils entretient le pousse au gaspillage ; si le Maréchal s'en détache, tant mieux : c'est un de moins, et sans doute le plus prodige. Mais quand Guillaume apprend que le roi Henri II d'Angleterre, qu'il sait averti, tiendra à la Noël prochaine cour plénière à Caen, il s'y précipite. Il est maintenant décidé à ne plus se taire, à se disculper publiquement, et devant le meilleur auditoire, la fleur de la chevalerie réunie pour la fête d'hiver. C'est le lieu, le moment de crever l'abcès, de régler le différend selon le droit et, pour lui, d'offrir, nouveau Tristan, bataille, de se prêter à l'ordalie, au jugement de Dieu. Dieu, par l'issue d'un duel judiciaire, distinguera lui-même l'innocent du coupable. Qu'il y ait même trois combats successifs. Il se dit prêt à affronter l'un après l'autre les trois champions les plus valeureux qu'on pourra trouver. S'il ne parvient pas à les vaincre tous les trois, il veut bien que le mari soupçonneux le mette à mort, le fasse pendre. Voici ce qu'il propose en pleine assemblée à celui qui se croit lésé. Ou bien qu'on lui coupe un doigt, n'importe lequel, de la main droite. Il accepte le handicap et de combattre ainsi celui qu'on voudra, de ceux qui l'accusent. Nouveau roi Marc, Henri le Jeune refuse : « *Je n'ai cure de votre bataille.* » Il ne manque à cette forte scène qu'un personnage : Yseut. Est-elle présente ? Ce qui nous surprend, c'est que de telles affaires se traitent ainsi en grand spectacle. Il ne reste plus à Guillaume qu'à partir. Il le fait en solennité. Face aux deux rois, au vieux, au jeune : « *Puisque aucun ne lève la tête parmi ceux qui ont soulevé contre moi le blâme et qu'on y consent, contre la loi du pays, puisque votre cour est toute contre moi, qui ai pourtant offert plus que de raison, je vois bien qu'il me faut chercher ailleurs où mieux vivre. Il me plaît du moins qu'une telle réunion ait pu voir de ses yeux que mon droit me fut retiré.* » Dûment muni d'un sauf-conduit, il quitta le domaine Plantagenêt. Sûr de lui. Quelques semaines plus tard, en effet, le jeune roi le requit de revenir. Il s'était entre-temps débarrassé de l'épouse. Rien ne l'empêchait d'aimer le Maréchal, lequel demeurait, lui, indispensable. Il l'aima de nouveau. D'une complaisance étonnante à nos yeux. Mais n'appartenait-il pas aux rois, incarnant la première des trois fonctions, celle de sagesse, de montrer, comme l'écrit Georges Dumézil (*La courtisane et les seigneurs colorés*, p. 192), se fondant sur les travaux de Joël Grisward, « une sereine tolérance pour la faiblesse des femmes » ?

Selon le panégyrique du défunt, ce bruit était de calomnie. Le Maréchal fut accusé à tort, comme sainte Suzanne par les vieillards, trompé comme les Rois mages le furent par Hérode, condamné sans preuve comme Daniel dans la fosse aux lions. Etait-il innocent? Le secret, la dissimulation sont de rigueur en courtoisie. Nous pouvons supposer en tout cas qu'il ne fut pas peu fier, qu'il se targuait volontiers d'avoir été dans sa vie, une fois, tenu pour l'amant d'une reine. N'avait-il pas mimé à grands gestes, sur la plus brillante des scènes et dans le plus beau des rôles, les aventures du plus fascinant des héros romanesques? Qui sait si, durant le reste de sa vie, le péril passé, il se défendit du soupçon aussi ardemment que le laissèrent croire ceux qui célébrèrent plus tard ses vertus? Ne se plaisait-il pas à laisser planer le doute? Sans insister, apparemment, sur l'amie, dont le principal attrait à ses yeux, comme d'ailleurs dans le roman, avait été d'être l'épouse d'un roi. Le souvenir des faits vécus qu'a fixé l'*Histoire de Guillaume le Maréchal* fut-il infléchi, et jusqu'à quel point, par le retentissement des rêves qu'entretenaient, parmi les chevaliers, les contes dont ils ne se lassaient pas d'être divertis? Je suis surpris, en effet, de voir la distance si courte – et ce texte fournit l'unique occasion de la mesurer – qui sépare des fictions courtoises la réalité que prétend décrire fidèlement le poème. Constatation qui convierait à ne point juger si fallacieuse l'image que la littérature romanesque présente des comportements masculins et féminins. Je tiens en tout cas le Maréchal, dans l'attitude que lui prête sa biographie, honoré par la qualité de la femme dont on lui attribuait la conquête, pour le plus sûr témoin de ce que fut, dans sa vérité sociale, l'amour que nous disons courtois. Une affaire d'hommes, de honte et d'honneur, d'amour – dois-je me contraindre à parler plutôt d'amitié? – viril. Je le répète : seuls les hommes sont dits s'aimer dans un récit dont les femmes sont presque totalement absentes. Genre littéraire très particulier, l'apologie funéraire peut-être se devait d'observer une telle discrétion. Quoi qu'il en soit, dans ce que l'on peut tenir pour ses mémoires, le Maréchal ne révèle rien de déports que nous dirions, nous, amoureux. Ce silence à lui seul en dit long sur l'état de la condition féminine, ou plutôt sur la considération que les hommes avaient en ce temps pour les femmes.

*

Elles sont, lorsqu'ils parlent d'elles, quantité négligeable. Mais beaucoup d'hommes ne comptent guère plus pour le Maréchal et ses amis. Aucune allusion à ceux, innombrables, dont la fonction était de travailler la terre. Sauf une, en passant, à propos de ce que les paysans souffraient dans les guerres. Prenons garde. Non pas pour s'apitoyer sur leur sort, mais pour déplorer les effets de leur misère : quand les pauvres, pillés, dévorés par les combattants, n'ont plus de quoi, abandonnent les champs et s'enfuient, les seigneurs sont eux-mêmes appauvris. Ce sont ceux-ci qui sont à plaindre. Point de bourgeois non plus, ou presque, car ces gens sont méprisables : ils amassent les deniers aux dépens des chevaliers qu'ils grugent. Mais il est plus surprenant que les gens de prière n'apparaissent guère plus souvent. On voit passer quelques évêques, non pas les plus saints, les plus savants, mais ceux qui, le casque en tête, mènent le combat avec les chevaliers, leurs frères : l'évêque de Dreux, l'évêque de Winchester. Tant que le Maréchal est dru, il ne fraye pas volontiers, apparemment, avec les clercs ou les moines. Le monument érigé à sa gloire parle peu de ses dévotions. Pas plus que de ses amours. Ce qui interdit, notons-le bien, de penser qu'il ait si peu dans sa vie touché les femmes. Car nous savons qu'il était pieux, à sa manière, libre et fort méfiante à l'égard des spécialistes de l'oraison, d'une piété que l'on est en droit de tenir pour commune dans le milieu militaire. Ce fut entouré de guerriers que Guillaume vécut et agit. Ils occupent tout son souvenir. Quelques-uns d'entre eux n'étaient pas nobles : les « ribauds » qui se battaient pour de l'argent, à pied, comme il convient aux inférieurs, répugnants, mais dont on savait l'efficacité. On en entrevoit quelques-uns dans les coulisses des empoignades. Toutefois, la scène est tout entière encombrée de chevaux et de cavaliers, et tous ceux-ci, quelques « sergents » mis à part, sont de bonne naissance. Aux yeux de celui dont les exploits nous sont décrits compte seule une partie de l'espèce masculine, formée par les combattants dignes de ce nom, désignés par Dieu pour cet office, et l'épée qui leur fut remise solennellement le jour de leur adoubement porte témoignage de leur vocation : les chevaliers.

L'éloge du Maréchal est fondamentalement leur éloge. La louange s'amplifie un instant, au point culminant du récit, lorsque celui-ci décrit le moment où la fortune changea durant les combats de Lincoln, où le ciel accorda la victoire à Guillaume et à ses compagnons. On croit alors entendre les paroles qui soutenaient dans l'adversité le courage de ces hommes et leur fierté, exaltant les valeurs maîtresses d'un état dont ils ne doutaient pas qu'il fût le premier de tous. Profession d'une foi sûre d'elle-même et d'un mépris non moins assuré pour ce que cet état surplombe, pour toute action qui n'est pas militaire.

> Qu'est-ce que manier les armes?
> S'en sert-on comme d'un crible, d'un van,
>   d'une cognée?
> Non, c'est un bien plus dur travail.
> Qu'est-ce donc que chevalerie?
> Si forte chose et si hardie,
> et si fort coûteuse à apprendre
> qu'un mauvais ne l'ose entreprendre...
> Qui, en haut honneur se veut mettre,
> lui convient d'abord entremettre
> qu'il en ait été à l'école.

La culture des temps féodaux n'a rien laissé d'elle qui, plus clairement que ce texte, montre ce que la classe dominante pensait d'elle-même, ni comment la fortune s'y prenait pour élever un homme, et si haut.

*

Il est temps pour moi de planter, en quelques mots, le décor devant lequel ces chevaliers se démènent. Le théâtre est évidemment celui de la guerre, de l'interminable conflit opposant les Capétiens aux Plantagenêt. En 1066, la victoire de Hastings avait livré l'Angleterre à Guillaume, duc des Normands, et aux chevaliers qui le suivaient. L'île était tombée sous la domination d'une aristocratie dont la culture et toutes les manières d'exprimer celle-ci étaient continentales, et qui conservait de l'autre côté de la Manche, outre la sépulture de ses ancêtres, une bonne part de ses intérêts, de ses domaines et de ses pouvoirs. La Normandie appartenait au royaume de France. Elle n'en fut point séparée, et son duc demeura attaché aux souverains francs, successeurs de Charles le Chauve et de Hugues Capet, par les rites de l'hommage, leur vassal, tenu au moins à ne rien faire qui pût leur nuire. Mais, devenu roi lui-même par conquête, sa puissance réelle surpassa celle de l'autre roi, son seigneur, dont le perpétuel souci fut désormais de réduire cette inégalité.

Or, loin de s'atténuer, le déséquilibre s'aggrava brusquement au milieu du XIIe siècle, durant l'enfance de Guillaume le Maréchal. La principauté normande était échue au mari de la petite-fille du Conquérant, un autre des grands vassaux du Capétien, Geoffroy Plantagenêt, comte d'Anjou. Son fils Henri prétendait au trône d'Angleterre par sa mère. Il s'y établit en 1155, alors qu'il venait de s'emparer de l'épouse du roi Louis VII, Aliénor, devenant, du chef de celle-ci, comte de Poitou et duc d'Aquitaine. Son pouvoir s'étendait ainsi sur une bonne moitié du royaume de France, prétendait s'exercer jusqu'aux Pyrénées et sur Toulouse, s'avérait en tout cas incontesté au nord de la Loire : il pesait de tout son poids à quelques lieues seulement de Paris. Cette pression sur le domaine royal était insupportable. Aussi, tempérées par le frein, fort efficace au demeurant, que constituaient l'idéologie de la royauté et le lien féodal, entrecoupées de trêves prolongées parce qu'il était impossible de poursuivre alors la guerre au-delà de quelques mois, les hostilités ne devaient pas cesser jusqu'à la mort du Maréchal entre Louis VII d'abord, puis Philippe Auguste d'une part, et d'autre part Henri II, puis ses fils Richard Cœur de Lion et Jean sans Terre, qui lui succédèrent l'un après l'autre.

Durant les trois quarts de siècle sur quoi s'étend le récit que j'utilise, une fissure s'élargit insensiblement par le travers de l'aristocratie anglo-normande : une part d'entre elle prit peu à peu conscience d'être plus solidement attachée à l'Angleterre. Cependant, même après que le duché de Normandie, le Maine, l'Anjou furent conquis par Philippe Auguste, les chevaliers du roi d'Angleterre ne cessèrent pas de se sentir chez eux de l'autre côté de la mer, en étroite solidarité culturelle avec les chevaliers du roi de France, partageant leur mépris et leur méfiance à l'égard de tout ce qui portait les armes passée la Loire, en Aquitaine.

Point de vraie bataille avant Bouvines (1214) et Lincoln (1217), mais un enchaînement d'escarmouches, scandé de loin en loin par des poussées d'agressivité plus intense qui faisaient le piquant de l'existence chevaleresque. Sur celle-ci, par le tour de ses phrases, le choix de ses mots, par le jeu de la mémoire et de l'oubli, par ce qu'elle avoue et ce qu'elle cache, la vie de Guillaume le Maréchal nous apprend tout. Et puis la biographie est ici toute faite. Assisté par ceux qui la soumirent à la critique érudite, Paul Meyer et Sydney Painter, je puis me laisser aller à partager avec ceux qui l'ont écouté pour la première fois, il y aura bientôt huit cents ans, le vif plaisir que procure un si beau texte.

3

Les règles de ce genre littéraire très particulier que constituaient les *Vies* de saints imposaient d'introduire le récit en partant de la parenté, de cette souche dont le héros était désigné comme le surgeon le plus admirable. Evoquer l'ascendance semblait indispensable « *car de bon arbre vient bon fruit* », comme le répète notre chanson : chacun ne reçoit-il pas en naissant, charrié par le sang des aïeux, le germe des vertus qu'il lui appartient de porter à leur épanouissement? Cette époque tenait la sainteté pour atavique. Elle jugeait que la vaillance l'est aussi. La *Vie* de Guillaume le Maréchal commence donc par le lignage, mais elle ne le remonte pas très haut : elle s'arrête au père et à l'oncle maternel. Ce héros-ci était en effet un homme nouveau. Il mettait sa propre gloire à ne devoir rien qu'à lui-même. On peut supposer que, durant sa vie, il avait peu parlé de ses ancêtres, trop obscurs. De ceux-ci, son fils, ses amis, lorsqu'il fut disparu, ne vénéraient donc point le souvenir. En outre, parmi tous les honneurs, tous les biens sur quoi prenait assise en 1219 la grandeur du Maréchal moribond, la part qui lui venait de ses aïeux pouvait paraître dérisoire. Point de généalogie profonde par conséquent.

Ainsi, c'est par une autre source, par le diplôme royal qui, très tard, conféra à Guillaume la charge de maréchal, que nous apprenons le nom du grand-père paternel, Gilbert. Mais son nom seul : nous ignorons d'où il sortait. Ce nom, cependant, donne à penser qu'il était fils ou neveu d'un des aventuriers qui suivirent Guillaume le Conquérant ou le rejoignirent en Angleterre, attirés par les profits de la conquête. Cadet de famille peut-être, cet inconnu venait sûrement du continent. Remarquons que cette origine était oubliée au début du XIIIᵉ siècle, que, du moins, on n'en faisait pas grand cas parmi la descendance. Guillaume le Maréchal est classé parmi les Anglais; il se sent anglais; il regarde comme des étrangers les Normands, à plus forte raison les Français. Ce qui ne le retient pas d'admirer les chevaliers de France, de leur attribuer le premier rang « *pour leur vaillance et pour leur prix, et pour l'honneur de leur pays* ».

Un siècle avant la mort de son petit-fils, ce Gilbert avait rempli auprès du roi d'Angleterre Henri Iᵉʳ les fonctions de maréchal de la cour, d'où son surnom, qui devint le nom de la famille. En ce temps, les maréchaux vivaient en condition domestique; nourris, vêtus comme les autres membres de la maisonnée, ils attendaient en outre de la largesse du patron des gratifications dont le montant variait selon le rang qu'ils occupaient dans la hiérarchie des serviteurs. Les maréchaux ne se situaient pas aux plus hauts degrés de cette échelle. Ils étaient les subordonnés de l'un des officiers majeurs, le connétable, chargé des écuries seigneuriales et de tout ce qui touchait aux chevaux. Cependant, parce que depuis l'an mil le rôle de la cavalerie dans l'action militaire n'avait cessé de s'amplifier, leur fonction avait pris de plus en plus d'éclat et de valeur politique. Elle était évidemment d'autant plus importante et fructueuse que le maître qu'ils servaient était plus puissant. Dans la « famille » du roi d'Angleterre, le maréchal de la cour, au temps de Gilbert, contrôlait les services d'armes dus par les feudataires de la couronne et l'usage des deniers que l'on employait à la guerre; lui incombait aussi de maintenir l'ordre dans l'entourage du souverain. La coutume, désormais fixée par un règlement écrit, établissait ses gages : quatorze deniers, un demi-setier de vin et une chandelle par jour, s'il prenait ses repas à la maison avec les autres; vingt-quatre deniers, c'est-à-dire deux sous, une miche de pain, un setier de vin et vingt-quatre bouts de chandelle s'il avait à se nourrir lui-même. Aux cours solennelles, lorsque le roi adoubait un comte ou un baron, il avait droit encore à un palefroi sellé pour chaque chevalier nouveau.

De tels offices domestiques étaient devenus très vite héréditaires. A la mort de Gilbert, vers 1130, son fils aîné, Jean, le père de Guillaume, recueillit le titre et les prérogatives qui lui étaient attachées; il les conserva après 1139, lorsqu'il s'éloigna définitivement de la cour et de la personne du roi. Celui-ci perdait alors peu à peu son pouvoir. Etienne de Blois avait succédé en 1135 à son oncle Henri Ier, qui n'avait plus de fils légitime. Il ne s'était pas installé sans peine; il avait dû, pour se faire accepter, multiplier les concessions à l'aristocratie. Devant lui se dressaient en effet tous ceux qui, pour justifier leur insoumission et réclamer davantage, proclamaient Mathilde, fille du souverain défunt, plus directe héritière qu'Etienne. Leur nombre crût peu à peu, tandis que se vidait le trésor. Le trouble envahit le royaume divisé. Dans chaque province les vieilles haines se réveillèrent, les convoitises, le goût de saisir aux dépens des voisins. On prenait parti pour l'un, pour l'autre, pour le roi couronné, pour celle qui lui disputait la succession. Ainsi autour du château de Marlborough, dans le Wiltshire, où Jean le Maréchal s'était retiré sur ses propres terres, jugeant l'occasion bonne de mener son jeu personnel. Ce jeu où, dit le poème, « l'un perd, l'autre gagne », c'était la guerre. Entendons la rapine, le pillage, la chasse au butin. Jean se heurtait de l'autre côté de la plaine à Patrice, gardien du château de Salisbury, chef d'une autre bande. Nous touchons en ce point aux confins extrêmes du souvenir familial. Dans ce lointain brumeux, la silhouette de Jean se distingue à peine. On retenait seulement qu'il donnait à pleines mains et que, n'étant ni comte ni baron de grande richesse, il était pourtant parvenu à entretenir près de lui une forte meute de chevaliers. Trois cents, dit le texte, qui sans doute exagère. Du moins deux événements demeuraient inscrits plus nettement dans la mémoire. Deux faits de très grande conséquence en vérité : ils sont l'un et l'autre à la racine de la fortune dont Guillaume devait être favorisé. Je les tiens pour la semence de tous ses futurs succès.

Jean le Maréchal d'abord fit par hasard, au meilleur moment, le bon choix. Il s'engagea du côté de Mathilde. Lors d'un détour qui conduisit celle-ci au voisinage de ses domaines, il la servit au cours d'une escarmouche, au péril de sa vie. Il couvrit un jour sa retraite alors que sa petite bande reculait devant les forces supérieures du roi Étienne. On voit ici surnager l'un de ces détails précis – infimes, mais saisissants, et celui-ci l'était pour ces cavaliers passionnés – qui fréquemment résistent à l'oubli lorsque celui-ci déchire la trame du souvenir. Il fallait fuir, et vite; Mathilde chevauchait comme le faisaient en ce temps les femmes, assise sur sa monture en amazone; elle retardait l'avance. « *Dame, j'en jure par Jésus-Christ,* lui aurait dit Jean, *on ne peut pas éperonner le cheval dans cette posture; vous devez disjoindre la jambe et la mettre par-dessus l'arçon.* » Il se dévoua, il tint tête, il tenta, retranché dans le couvent de femmes de Wherwell, de retarder un moment les poursuivants. L'ennemi incendia la tour où il s'était enfermé; le plomb fondu de la toiture coula sur son visage; les gens du roi le crurent brûlé. Grâce à Dieu il s'en tira : on le vit revenir à pied à Marlborough, mais ne conservant plus qu'un œil. La mémoire des princes est courte. Pourtant Mathilde se souvint de l'exploit, du dévouement, et son fils, Henri Plantagenêt, ne l'oublia pas lorsque, à la mort d'Etienne, en 1154, il devint roi d'Angleterre. Jean avait ainsi gagné l'amour, les bonnes grâces du patron dont on pouvait le plus attendre.

Il s'élevait peu à peu par sa vaillance, il se haussa d'un coup beaucoup plus haut en épousant une fille de grand lignage. Dès le début de cette histoire se découvrent à nos yeux les effets déterminants que les stratégies matrimoniales exerçaient à cette époque et dans ce milieu sur les mouvements de promotion sociale. Comme tous les aînés, Jean le Maréchal avait été marié de bonne heure. Sa femme, dont on ne sait rien, car pour Guillaume et pour son biographe elle était sans utilité, lui avait donné deux fils. Or, une chance se présentait de contracter alliance beaucoup plus profitable. Il devenait évident que Mathilde allait l'emporter. Patrice, le rival de Jean, s'arrangeait avec les probables vainqueurs. Dans la petite guerre locale, il avait le dessus. Il était, nul n'en doutait cinquante ans plus tard dans l'entourage de Guillaume, de bien meilleur sang que Jean, de plus fort pouvoir. Il marchandait son ralliement. Les Plantagenêt, pour se l'attacher, le firent comte de Salisbury. Ils obtinrent en contrepartie qu'il cédât sa sœur à Jean, leur bon serviteur. Les mariages servaient à cela, à réconcilier des ennemis, à consolider la paix. Sans hésiter – de telles substitutions d'épouses étaient alors monnaie courante – Jean se libéra, répudia sa femme, prit la nouvelle. Il agissait, dit le panégyrique, par ce que nous appellerions le civisme et pour complaire à son seigneur. Pour ôter la discorde d'entre lui et Patrice. Et non pas par appétit. Nous sommes autorisés à ne pas suivre aveuglément sur ce point ce que nous dit Jean le Trouvère. La seconde épouse, damoiselle Sibylle, valait en effet beaucoup plus que la première.

*

Elle fut la mère de Guillaume, second des quatre garçons que Jean le Maréchal, outre deux filles, engendra « en elle ». Il se plaçait donc au quatrième rang parmi les héritiers éventuels. Le précédaient les fils du premier lit, Gilbert et Gauthier, dont nous savons que le second au moins tint après son père l'office de maréchal, puis Jean, son aîné, qui portait le nom de son père et qui lui succéda à son tour. Dans cette foison de progéniture masculine, Guillaume se situait donc parmi les surnuméraires, avec Anseau qui le suivait et le tout dernier, Henri. Celui-ci fut casé dans l'Eglise; la réussite de son frère le fit, après une longue attente, vivement monter en grade : il mourut évêque d'Exeter. De ces garçons dont la malchance était de n'être pas nés les premiers, quel cas faisait-on dans la maison? Une anecdote – par elle le héros entre en scène, il avait peut-être cinq ou six ans, et c'était l'un des plus vieux souvenirs qu'il racontait – jette quelque lumière sur la condition de l'enfant dans la société chevaleresque. De cette condition, les documents que nous conservons ne révèlent à peu près rien, et nous sommes si mal informés que beaucoup d'historiens, dont je suis, inclinent à penser que les fils de chevaliers, le fils aîné mis à part, et encore, n'intéressaient guère leur père tant qu'ils n'étaient pas en âge de combattre à ses côtés ou contre lui. Voyons de plus près le fait.

C'était dans le temps où Jean le Maréchal s'opposait au roi Etienne. Celui-ci assiégeait le bourg de Newbury. Impatient, furieux, jurant de prendre vengeance de ces vilains qui avaient le front de lui résister si longtemps : le chef de la garnison refusait en effet de rendre le château, et la piétaille osait repousser les assauts de ses cavaliers. Le roi s'obstinait. Il finit pourtant par traiter. La lutte féodale était entrecoupée de mille trêves; l'ennui, dès que l'action perdait de son mordant, désagrégeait les petites troupes; durant un siège, elles fondaient très vite; il suffisait qu'il se prolongeât un peu pour que l'on vît les chevaliers s'éclipser l'un après l'autre. Les chefs étaient alors contraints de parler, de s'accorder mutuellement répit afin de refaire leurs forces, puis de reprendre, pour une nouvelle partie, courte, le jeu. Trêve fut donc accordée pour un jour aux défenseurs de Newbury, puis trêve plus longue à celui qui les soutenait, Jean le Maréchal, lequel promettait son entremise pour obtenir de Mathilde que la place fût rendue. Etienne toutefois voulait des garanties, il exigeait que lui fût remis en otage l'un des fils de Jean.

Guillaume, le quatrième, fut choisi. Faible caution en vérité. Elle ne retint pas Jean de regarnir le château durant l'intermède. Le roi s'aperçut qu'il était floué. L'enfant, selon la chanson, se trouva donc « *en aventure* ». Nous dirions : en danger. Vinrent en avant les « losengiers » qui toujours sont de mauvais conseillers, des félons. Ils engagèrent à pendre Guillaume, du moins à menacer de le faire. Averti, le père fit savoir que du garçon peut lui chalait : il possédait encore « *l'enclume et le marteau pour en forger un plus beau* ».

Que penser de cette bravade? Que les pères étaient si prolifiques et la mortalité infantile si dévorante qu'ils se souciaient comme d'une guigne de leurs rejetons, même des mâles? Ou plutôt qu'une telle réplique appartient au livret classique de ce grand opéra qui se jouait, à beaux cris, à beaux gestes, sur le théâtre de la guerre féodale où l'important, autant que d'échanger des coups, était d'intimider, d'effrayer, de convaincre l'adversaire par des paroles et des mimiques? Je suis quant à moi persuadé que, de part et d'autre, nul ne crut que l'on irait jusqu'au bout, jusqu'à l'exécution capitale. On le voit bien quand, après cette réponse, le spectacle se poursuit en une succession de suspenses. Bien sûr, en Angleterre, pays plus brut que ne l'était le continent, il y avait plus de cruauté. Mais, parmi ceux qui entendirent lire au début du XIIIᵉ siècle l'histoire de Guillaume le Maréchal, qui pouvait imaginer, sinon par l'effet de recul vers un passé de près d'un siècle et devenu légendaire, que l'on ait vraiment songé à sacrifier un otage, de surcroît le fils d'un homme de qualité, et dangereux? L'intérêt de cette mise en scène, qui n'eut peut-être d'existence que dans la mythologie familiale et dont le souvenir en tout cas fut fortement enjolivé, tient à mes yeux dans les sentiments prêtés à l'un des deux premiers rôles : le roi Etienne.

Il nous est montré s'attendrissant sur la petite enfance. Sans doute les actions de ce souverain, la mémoire qu'on en gardait, la place qui dans la galerie de portraits royaux était ménagée au prédécesseur de Henri II, portaient-elles à lui prêter les traits d'un faible, des attributs féminins, une tendresse un peu bêtifiante. Mais enfin ? Le biographe de Guillaume nous le dit fondant, la « *douceur* » inondant son cœur, prenant l'enfant dans ses mains, rabrouant les losengiers. Parce que le petit réclamait pour s'en amuser le javelot d'un chevalier qui l'escortait vers la potence, puis parce qu'il prenait pour une balançoire la catapulte où l'on faisait mine de le placer pour le projeter comme un boulet par-delà l'enceinte, parce qu'il demandait sans cesse à quoi l'on jouait lorsque, par surenchère, assaillants et défenseurs s'ingéniaient à rendre plus terrifiants les préparatifs de sa prétendue mise à mort. Guillaume le Maréchal, rappelant ses plus anciens souvenirs, disait aussi que, le même siège se poursuivant et lui demeurant en otage, le roi le tenait volontiers sous sa tente, qu'ils s'ébattaient tous deux sur le sol jonché de fleurs, se divertissant à de petits jeux d'adresse, à des parties d'une espèce de poker, avec des brins d'herbe, et que l'enfant gagnait, évidemment. De telles scènes viennent à point dans la geste du comte Maréchal : il convenait de le placer, dès sa première apparition, dans les bras d'un roi, en situation prémonitoire de sa future ascension vers le pouvoir souverain. Parurent-elles invraisemblables à ceux qui en entendirent le récit ? Des relations si tendres étonnaient-elles ? Devons-nous exclure des attitudes naturelles à ces guerriers l'amour des petits garçons?

Un trait de la condition enfantine est assuré, du moins, dont dépendit toute la destinée de Guillaume : les fils de chevaliers quittaient tôt, à cette époque, la maison paternelle; ils allaient accomplir ailleurs l'apprentissage de la vie, et ceux qui n'étaient pas les aînés quittaient cette maison, sauf hasard heureux, pour toujours. Passé huit ans, dix ans, ils étaient ainsi séparés de leur mère, de leurs sœurs, des femmes de leur sang au milieu desquelles ils avaient jusqu'alors vécu et qui leur tenaient à cœur. Notons-le en effet, ce fut de sa mère, de ses sœurs que le petit Guillaume otage s'informa en premier lieu auprès du serviteur de sa maison dépêché aux nouvelles, lorsqu'il aperçut celui-ci épiant par l'entrebâillement de la tente royale. Rupture. Double rupture : avec la maison natale, avec l'univers féminin de la chambre aux jeunes enfants. Et transfert très brusque dans un autre monde, celui des cavalcades, des écuries, des magasins d'armes, des chasses, des embuscades et des ébats virils. Les garçons grandissaient là, intégrés à la bande de cavaliers, adolescents mêlés dans la promiscuité militaire aux hommes déjà mûrs. Ils appartenaient déjà, en position subalterne, confondus dans les premiers temps avec les goujats de service, à l'escouade qu'entretenait chez lui un autre patron, chargé de les éduquer, de les amuser, qui devenait ainsi leur nouveau père, tandis que la figure du père, du vrai père, du père « naturel », s'effaçait rapidement de leur mémoire, si, puinés, ils n'attendaient pas d'hériter un jour de lui.

Remarquons que Guillaume le Maréchal semble bien avoir totalement chassé le sien de son souvenir. Celui-ci mourut en 1165. Nous connaissons l'événement, sa date, mais par d'autres témoignages, car le poème ne fait pas la moindre allusion à son décès. Certes, Guillaume était loin : il vivait alors en Normandie. Mais c'était un adulte, d'une vingtaine d'années. En cette sorte de mémoires qu'il a laissés, nul souci de rappeler qu'il ait été ému par la disparition d'un homme qu'il n'avait certainement pas revu depuis des années, ni qu'il ait souhaité le revoir sur son lit de mort, l'escorter jusqu'à son tombeau. On peut même se demander s'il n'avait pas oublié jusqu'au lieu où reposait la dépouille de son père, si jamais il pria pour lui. Le seul deuil qu'il ait affiché, si l'on en croit ces mémoires, suivit la mort de son frère aîné. Lorsqu'il en reçut la nouvelle, il manifesta si fort le chagrin requis que l'on crut voir « *éclater son cœur* ». Il veilla lui-même à l'honneur des obsèques. Il envoya ses propres chevaliers à Marlborough chercher le corps, l'accompagner en grande pompe trois jours durant, avec la veuve, jusqu'à Cirencester où il les rejoignit. Il ordonna un service très somptueux dans cette abbaye de chanoines réguliers; il faillit là s'évanouir, de la seule pâmoison dont on ne puisse blâmer un guerrier. En vérité, il avait grand-hâte de s'en retourner : Richard Cœur de Lion – c'était en 1193 – revenait de captivité. Il en avait appris la nouvelle en même temps que le décès de son frère, et l'annonce déjà, dit le poème, lui avait mis du baume à l'âme. Il ne fallait pas traîner, il repartit au galop vers le roi, laissant le cortège funèbre poursuivre sans lui jusqu'à Bradenstokes où reposait, dit l'histoire, ses « ancêtres ».

Son père? Non pas. Ses ancêtres maternels : le prieuré, nous le savons par les archives, avait bénéficié des faveurs de Patrice de Salisbury, et c'est bien de ce côté, du côté du lignage le plus honorable et à qui il savait devoir le plus, que

Jean II le Maréchal avait choisi d'être enseveli. Apparente indifférence à la mort du père, démonstration de douleur et de piété familiale à la mort du frère aîné : ces deux attitudes s'expliquent. En 1165, Guillaume n'héritait pas – pas plus que n'héritèrent en 1219 ses fils puînés, dont rien ne dit qu'ils assistèrent à ses funérailles. En 1193, il héritait : Jean II le Maréchal n'avait pas de fils. Nouvelle preuve, et formelle, de ce trait de société : ce qu'il y a de rituel dans les manifestations d'affection au sein de la parenté, les signes extérieurs d'attachement qui seuls nous apparaissent, puisque nous ne pouvons sonder les cœurs, juger des sentiments sincères, dépendaient directement de la situation des uns et des autres dans la chaîne successorale. C'est par la transmission des biens que se nourrissent, dans cette société, les seuls liens affectifs que l'on soit tenu d'exprimer publiquement. On aime ouvertement dans le lignage celui qui possède encore les droits que l'on va relever lorsqu'ils tomberont de ses mains moribondes, comme le vassal aime ouvertement le seigneur dont il a reçu des bienfaits. Le père de Guillaume fut pleuré, ses obsèques ordonnées, sa mémoire servie par Gauthier, celui de ses deux premiers fils qui lui survécut, qui sans doute était revenu près de lui, son apprentissage achevé, qui fut maréchal après lui, et mourut presque aussitôt. Si Guillaume ne pleura pas son père, ce n'est pas qu'il lui tenait rigueur de l'avoir, sans rien ou presque, expulsé de sa maison. Il n'agit pas autrement que lui à l'égard de son plus jeune fils, qu'il aimait fort, dit-il lui-même. Il ne le pleura pas parce qu'il ne lui devait rien, sinon de l'avoir sans grande peine – ni peut-être grand plaisir – engendré, et placé dans une bonne maison où s'initier convenablement aux armes et se mettre en état de se faire lui-même.

*

La paix revenue, Etienne mort, Henri II couronné, le jeune Guillaume prend congé de sa mère, de ses sœurs, (qui pleurent), il s'en va en très simple équipage, accompagné seulement d'un « *petit gars* », comme lui, et d'un serviteur. Il passe la mer. Son père a décidé de placer son quatrième fils en Normandie, auprès de Guillaume de Tancarville, chambellan du roi d'Angleterre. Cet homme est son cousin germain, il tient un fort château, il rassemble quatre-vingt-quatorze chevaliers sous sa bannière, il est en belle situation dans la maison du roi : c'est l'un des plus puissants de la proche parenté. Il est pour cela obligé d' « *aimer* » plus qu'un autre son lignage, de l' « *exhausser* » autant qu'il peut, de l' « *honorer* ». On lui fait pleine confiance dans le cousinage. On compte sur lui. Il voit donc venir à lui des essaims de jeunes garçons. On a décidé que ceux-ci ne seraient pas d'Eglise. Dès qu'il paraît convenable de les sortir des jupes de leur mère et des servantes, on se préoccupe de les lui confier pour qu'il les traite comme ses « neveux », c'est-à-dire ses petits-fils. Ils ne sont pas ses descendants, mais le même sang que le sien coule dans leurs veines. En vertu des lois d'une génétique communément admise dans la noblesse, ils sont donc destinés, s'il veut bien prendre soin de cultiver leurs aptitudes, à devenir aussi riches, aussi généreux, aussi courageux qu'il l'est lui-même. Il accueille volontiers cette marmaille. Les celliers de sa maison sont pleins. Pourrait-il faire meilleur usage de ces réserves de nourriture, de tout ce blé que ses tenanciers portent à sa maison, que de les employer à la croissance de ces petits mâles? Il les élève. Par cette fonction, il le sait, il se substitue à leur père, multiplie ainsi sa propre progéniture bien au-delà de ce qu'il aurait pu lui-même engendrer en ses épouses sucessives. Il prend sous sa houlette un troupeau de futurs guerriers. Pour toujours ils seront à lui, emprisonnés dans les filets de l'amitié déférente dont celui qui en est l'objet juge qu'il n'est pas plus sûre richesse au monde. Le sire de Tancarville se réjouit de voir ces adolescents rivaliser pour lui plaire.

A peine entré dans cette compétition pour l'amour du nourricier, Guillaume est objet d'envie. Les jaloux répètent au patron : pourquoi s'encombrer de celui-ci, bon à rien, « *gâte-viande* » : quand il ne mange pas, il dort. Le patron laisse dire, Guillaume continue de bien manger; à lui « *les plus beaux morceaux qui vont au-devant du seigneur* ». Le seigneur l'aime. Il prospère. Le voici bientôt écuyer, suivant dans leurs équipées les gens de guerre, les servant. Il demeure huit années dans cet état préparatoire. Guillaume de Tancarville décide enfin – son protégé a plus de vingt ans – de lui ceindre solennellement l'épée. Un outil, mais davantage, un emblème du droit et du devoir de combattre. L'entrée en chevalerie eut lieu sans doute au printemps de 1167. La chanson ne donne pas la date. Elle ne décrit pas le cérémonial. On en est un peu surpris car, à l'époque, on tient communément pour capitale cette journée où prennent fin les enfances, où l'homme fait est admis dans la société des adultes. Ce jour-là, la vraie vie commence, et chaque chevalier s'en souvient comme du plus beau de son existence. Dans la biographie de l'héritier des comtes de Guînes, qui fut insérée dans une chronique généalogique une trentaine d'années avant que ne fût écrite l'histoire de Guillaume le Maréchal, la date de l'adoubement est le seul repère chronologique précis. Or, à l'égard de son propre adoubement, le comte Maréchal partageait cette révérence. Plus pieux que le biographe ne le laisse croire, il conservait le sentiment d'avoir été, par cette liturgie, pénétré pour le reste de ses jours de la grâce divine. En 1189, à ses amis qui craignaient pour sa vie, à tout le moins pour sa fortune en un moment décisif, il aurait dit : « *Dieu, qu'il en soit remercié, m'a, depuis que je suis chevalier, fait si grand bien au fil des jours; mon courage s'appuie sur la certitude qu'il continuera.* » Dans son esprit, la chevalerie, source de grâces, était bien ce que les théologiens définissaient alors comme un sacrement. Alors? Pourquoi une telle discrétion quant à la solennité même? La meilleure hypothèse à mon sens est celle-ci : pour ce cadet, on ne se mit pas en frais. Il devint chevalier dans une fournée générale, comme c'était l'habitude dans les grandes maisons, mais non pas au premier rang : dans le tout-venant, au cours d'une cérémonie de routine.

Cependant, l'auteur du poème, s'autorisant des incertitudes d'une mémoire qui, pour ces temps reculés, vacille, a voulu magnifier ce point crucial de la biographie d'un héros qu'il montre avant tout en parangon de la chevalerie. Du rite coutumier qui prenait place après la remise du harnachement militaire, de cette sorte de fantasia, la quintaine, un exercice cavalier, tous les chevaliers nouveaux chargeant à la lance des mannequins pour démontrer leur expertise, Jean le Chansonnier a fait un combat véritable. Il réemploie, en ce tournant de son récit, des lambeaux de souvenirs mal agrippés à cet engagement auquel le Maréchal avait effectivement pris part, mais cinq ans plus tard, à Neuf-châtel-en-Bray. Il se battait ici dans le camp des Normands pour défendre le comte d'Eu contre l'agression des Flamands, des gens du Ponthieu et de Boulogne. Dans ce cadre, au cœur de cette rencontre tumultueuse, violente, acharnée, comme l'étaient les échauffourées au cours des expéditions de rapine, mais qu'il présente spectaculaire comme un tournoi – et le mot « tournoi » vient spontané-ment sous sa plume –, il situe l'épreuve requise de celui qu'on vient d'admettre parmi les guerriers et qui doit devant un public nombreux (ici réunissant des représentants des deux sexes et des différents états de la société qui compte, chevaliers, dames, demoiselles, bourgeois, bourgeoises) manifester qu'il en est digne. « *Il s'y éprouva* », dit le texte. Et fit apparaître tant de vertu que les spectateurs « *ne pouvaient croire qu'il en était encore à apprendre les armes* ». Personne, nous dit-on, ne s'attendait à ce qu'il se révélât en plénitude : au commencement de l'affaire, il s'apprêtait à se ranger aux côtés du chambellan, lequel repoussa ce blanc-bec : « *Guil-laume, tirez-vous arrière, ne soyez pas si prime-sautier. Laissez passer les chevaliers.* » Alors que, chevalier, il croyait bien déjà l'être. Il prouva qu'il l'était. Risquant sa vie, n'affrontant pas des épou-vantails, mais les combattants les plus dangereux, ces cavaliers qu'on nommait sergents pour les distinguer de ceux de meilleure naissance, et qui, eux, n'hésitaient pas à frapper fort. Ils s'ameutèrent contre lui. Ils avaient pris l'arme ignoble, l'un de ces crocs de fer qui servaient en Flandre à abattre la maison des bourgeois infidèles à leur engage-ment de paix. Ils l'accrochèrent par l'épaule, cher-chant à le désarçonner. Il tint bon. Treize maillons de fer de son haubert craquèrent, mais il ne tomba pas du cheval. Un cheval qu'il venait de recevoir avec l'épée, qui valait très cher, qu'il n'hésita pas à aventurer avec lui-même et qui, moins bien protégé que le cavalier dans son armure, fut blessé à mort. Rien de commun avec les jeux de la quintaine.

Le soir, comme il était d'usage au terme des adoubements, le chambellan tint sa cour. On fit la fête. De quoi manger, de quoi boire à discrétion, et du meilleur : « *de belles viandes achetées à bons deniers* », ce que vendent les marchands et qui vaut mieux que ce que l'on tire des saloirs et des tonneaux de la maison. Quatre-vingts chevaliers qui dévorent. Repaître les siens, à foison : c'est le devoir du bon seigneur. Ses familiers attendant aussi qu'il les réjouisse. Lorsqu'on est repu, on parle. On raconte les beaux coups de la journée : « *de riches mots et de beaux dits* ». Plaisanteries. Guillaume de Mandeville, un baron, veut à son tour faire rire : « *Maréchal, donnez-moi un don, par amour – Quoi ? – Une croupière ou un vieux collier.* » Naïf, le nouveau chevalier proteste : lui n'a plus rien ; « *il ne tendait pas à gagner, mais à délivrer la ville* ». Il a tout perdu. On s'esclaffe. Il comprend la leçon. Il a de la vaillance à revendre. Il apprend que la vaillance sert d'abord à devenir riche. Or, pour l'instant, après la fête, après avoir galopé, s'être escrimé, avoir bu, mangé, parlé, mieux qu'on ne le fit jamais dans les plus somptueux adoubements de Pentecôte, il se trouve dans le plus grand dénuement de toute sa vie. C'est l'étiage, le point le plus bas de son existence.

En effet, dès que la bande fut revenue à Tancarville, le patron, le chambellan, annonça aux chevaliers nouveaux qu'ils ne devaient plus compter désormais que sur eux-mêmes. Leur apprentissage terminé, il ne les nourrira plus. Qu'ils prennent le large, qu'ils aillent, dit le texte, « *tourner par la terre* ». Tourner, le mot est lourd de sens. Bouger sans trêve, le mouvement toujours, et non point en droite ligne, dirigé vers un but. Point de but. Chercher ici et là. Quérir. Quête, conquête : « *conquérir son prix* », tout seul. Et pour la première fois. Car, lors de la précédente rupture, quand Guillaume avait dû, le cœur gros, quitter sa mère et ses sœurs, il changeait simplement de pension : expulsé, selon l'usage, de la maison de son père, il se dirigeait, équipé – petitement, bien sûr, mais ses mains n'étaient pas tout à fait vides – vers une autre maison où la coutume imposait qu'il fût accueilli. Ce premier départ n'était pas aventure. Ni libération. Sous la puissance d'un nouveau géniteur, ses enfances allaient se poursuivre. Elles sont aujourd'hui finies. Ceint de l'épée, Guillaume est devenu homme parmi les hommes. Il n'appartient plus qu'à Dieu. En même temps que le baudrier militaire, il a reçu un pouvoir qui est d'abord un pouvoir sur lui-même. Les rites de l'adoubement consacrent cette prise de possession de soi. Nous saisissons leur sens, nous comprenons que l'adoubement ait eu tant d'importance dans cette société où le poème nous introduit, qu'il ait été considéré comme le principal événement de toute existence masculine. Avant de recevoir les armes, les jeunes gens ce jour-là se mettaient nus, lavaient leur corps. Comme on lavait le corps des nouveau-nés et celui des défunts. Car cette entrée, ce passage était analogue à ces autres passages, la naissance et la mort. C'était pour eux comme s'ils venaient au monde une seconde fois, et la seule, en vérité, qui comptât vraiment. Jusque-là, leur gestation s'était en fait poursuivie, à l'abri. Ils demeuraient en nourrice, en tutelle. Avec l'errance commençait la liberté, mais aussi le péril. Le Maréchal, nous dit Jean, l'auteur de l'histoire, fut alors « *en très grand effroi* ».

Car Guillaume n'était pas un premier-né. Quand on avait fait chevalier l'héritier, ce futur chef du lignage, les convenances exigeaient de l'envoyer tourner lui aussi, mais glorieusement. Sa tournée serait de parade. Elle devait faire rayonner à la ronde, pendant des mois, parfois des années, l'honneur de la maison. On exposait le jeune homme aux dangers, certes, mais on lui fournissait, sans regarder à la dépense, de quoi affronter l'épreuve avec éclat, se faire valoir, conjoindre aux prouesses largesses. Il fallait qu'il fût magnifique. Il partit donc escorté de compagnons, de serviteurs, pleinement harnaché, quantité de pièces d'argent dans ses trousses. Cadet, Guillaume entrait dans la vie sans rien. De ce qu'il avait reçu de son patron, rituellement, en même temps que la chevalerie, il ne conservait plus que son épée, son haubert déchiré, sa cicatrice, la marque du croc de fer qu'il allait garder toute sa vie. Le destrier avait péri sous lui. Quant au manteau, il dut le vendre : vingt-deux sous de deniers angevins. C'était peu, dix fois moins que le prix d'un cheval de guerre convenable, tout juste de quoi s'acheter une bourrique pour le porter avec ses armes : il ne pouvait tout de même pas prendre la route à pied, son fourniment sur le dos.

Car il s'en allait se battre. Tourner voulait dire aussi tournoyer. Passer d'un tournoi à l'autre. Y briller certes, comme les premiers-nés, mais non, comme eux, en jetant l'argent par les fenêtres. Pour tenter au contraire de gagner. Gagner son prix. Gagner surtout sa vie. Faire sa vie. Il n'était pas sorti de la maison de Tancarville qu'il tournoyait déjà et gagnait. En effet, lorsqu'on lui montrait la porte, qu'on lui enjoignait d'errer, la nouvelle parvint d'un tournoi que l'on préparait. Guillaume le Chambellan, qui ne voulait pas le manquer, s'empressa de former son équipe. Son ancien écuyer, nouveau chevalier, n'était pas encore parti. Il l'engagea, comme il eût fait d'un cavalier de passage. En surplus de l'escadron domestique, pour lui donner sa chance, sans plus. Le comte Maréchal se plaisait plus tard à dire que le Chambellan son patron l'avait traité en ami, en « neveu » – l'amour de Charlemagne pour Roland. Mais il racontait aussi que, ce jour-là, décisif – c'était le premier coup, le bon – il n'avait reçu de lui que « *petites bontés* ». Il mettait en évidence cette parcimonie afin qu'il fût clair qu'au seuil de la vraie vie, il avait été réduit à ses seules forces. Il voulait en particulier faire croire que tout seul il avait acquis la monture de combat sans quoi il n'eût pu suivre les autres dans les empoignades profitables. Comme il n'appartenait plus à la maisonnée, il n'avait pas pris part à la distribution des bons chevaux de l'écurie. Il en restait un cependant, dans la cour, dont personne ne voulait. Bon, bel, bien taillé, il demeurait rétif au frein, trop raide et mal dressé pour que nul osât déjà s'en servir en rencontre sportive. Guillaume l'enfourcha, l'éperonna, le maîtrisa au cours d'un rodéo dont le poème décrit les phases et les feintes minutieusement. Il sut ensuite l'employer si doctement qu'il fit ce jour-là quatre prisonniers et demi : il consentit en effet, naïf, à partager le cinquième avec un de ses compagnons qui affirmait l'avoir aidé à la capture. Ce succès lui permit de compléter son équipement, de se présenter en meilleure posture au tournoi suivant. Jouant très bien cette fois encore, mais seul : malade, ou mal conseillé, son patron n'était pas venu. Il fit, disait-il, merveille. Volant de ses propres ailes.

On parlait déjà de lui. On commençait de le jalouser. Allait-il à vingt, vingt-deux ans, poursuivre, isolé, en franc-tireur, son chemin? Aucun chevalier, en ce temps, ne faisait longtemps bande à part. Chaque année, au printemps, des centaines de jeunes gens se trouvaient ainsi projetés hors des repaires de la noblesse, comme un ferment de turbulence. La société se défendait : elle canalisait ce flot de jouvence, elle encadrait aussitôt une impétuosité inquiétante. La société que j'observe était en effet grumeleuse; irrésistiblement, les individus étaient contraints de s'agglutiner, s'agrégeant à des groupes, et c'était encore, au coude à coude, enveloppé d'amis, que chacun s'avançait dans la vie. Il n'existait d'errance solitaire que dans la fiction romanesque. Encore ne l'est-elle en ces romans que par passades. La solitude n'y est pas vécue comme une délivrance, mais bien au contraire comme une crise douloureuse, comme une sorte de pénitence mortifiante. La cour attend le retour de tous les Lancelots, et les chevaliers de légende rêvent, pendant l'épreuve, comme Erec, de revenir bientôt au nid, ou bien, s'ils ne sont pas encore établis, de se blottir sans retard au sein d'une rassurante convivialité domestique. Dans la réalité, les guerriers tremblaient de rester seuls : l'isolement les couvrait de honte. Celui que l'on voyait chevaucher sans compagnie faisait figure de minable, ou de banni, tel Guillaume lorsque, soupçonné d'adultère, il ne parvint pas à se disculper et dut fuir, la rage au cœur, au temps de Noël, la cour de Caen. Quinze ans plus tôt, au lendemain de son adoubement, il avait eu grand-peine à se détacher de la maison du chambellan. Lorsqu'il avait osé s'en éloigner seul pour son second tournoi, il avait surpris tout le monde. « *Qui est celui-là qui sait si bien se servir de ses armes?* » demanda sire Barnabé de Rougé. On le rassura. On pouvait identifier ce cavalier, le situer dans une formation : « *son écu est de Tancarville* ». Guillaume avait en effet gardé sur lui le signe de la famille où il avait été formé, qui avait fait de lui un homme. Il l'arborait comme un brevet. Comme un label de qualité. Mais aussi comme une planche de salut, une marque d'appartenance, le recours contre la défaveur, et peut-être bien les sévices, dont était régulièrement l'objet celui qui se montrait dépourvu de camarades. Et lorsqu'il rompit enfin l'attache, ce fut pour bien vite se lier à nouveau. Il se hâta de se placer sous d'autres couleurs, d'entrer sous un nouveau patronage.

Lorsque j'interroge ce document si riche afin de suivre la trajectoire d'une ascension personnelle, et ceci dans l'intention de construire, partant de cet exemple, des hypothèses mieux fondées sur ce que purent être les mouvements de capillarité, de promotion dans l'aristocratie d'Occident durant ce demi-siècle qui encadre l'an 1200 (c'est-à-dire dans le plein de la croissance qui emportait alors l'Europe, dans le temps fort d'un développement prodigieux qui fit d'un même élan s'accélérer la circulation monétaire, se fortifier les structures étatiques et, par conséquent, se multiplier les occasions offertes à l'individu de se hausser, soit par l'argent dont le flot se gonflait et précipitait son cours, soit en captant les faveurs de princes mieux pourvus, donc plus munificents), un fait m'apparaît très clair : la roue de fortune élevant les uns, rabaissant les autres, tournait de plus en plus vite en ce temps-là, même dans ce milieu social apparemment stable, fortement charpenté par les armatures lignagères. Toutefois, parmi les chevaliers, son mouvement apparaît en réalité dédoublé. Il opère à deux niveaux superposés. En contrebas, tel individu est entraîné, il se hausse, surclasse les autres, mais à l'intérieur de chaque grumeau social, au sein de ces molécules que sont les maisonnées, sous l'œil de celui qui les dirige, dans un climat de permanente concurrence interne, âpre, et qui porte l'envie de s'aigrir, nourrit l'intrigue et les traîtrises. D'autre part, sur un plan supérieur, et cette fois sous l'œil des maîtres de ces principautés qui constamment se renforcent, un mouvement semblable suscite l'ascension de certaines maisons. Il s'agit donc d'abord, pour l'ambitieux, de l'emporter au sein de son propre groupe. Mais qui veut monter plus haut doit veiller à prendre place au sein du groupe le plus proche de la source des bienfaits, le mieux placé par rapport aux pouvoirs éminents qui sont maintenant ceux des souverains.

Cessant d'être « retenu » – ce qui veut dire entretenu – dans la famille, puissante, du sire de Tancarville, cousin de son père, Guillaume se dirigea incontinent vers une famille plus puissante encore, et qui voulût bien l'admettre tel qu'il était, ayant fait ses preuves mais sans autre avoir que ses armes. Elle était toute désignée. C'était celle de Patrice de Salisbury, le frère de sa mère. La disposition des rapports de parenté dans la société chevaleresque attribuait à l'oncle maternel, à l'égard de ses neveux, des droits et des devoirs privilégiés. Le lignage dont il était le chef avait jadis cédé une fille à un autre lignage; il avait perdu son pouvoir sur elle, mais ce pouvoir, il entendait en revanche le conserver sur les enfants qu'elle mettrait au monde. Des fils de sa sœur, l'oncle attendait donc qu'ils l'aiment mieux que leur père, et lui-même se sentait tenu de les aimer mieux que celui-ci. Il se devait notamment de les aider dans leur carrière. Or, la plupart du temps, cet homme se trouvait en meilleure position pour le faire, puisque, par l'effet des stratégies matrimoniales, la femme était d'ordinaire, dans le couple, de plus haut parage que son mari. Pour se pousser dans le monde, les garçons se tournaient par conséquent volontiers du côté de leur lignée maternelle. Lorsqu'on les avait voués à servir Dieu, ils s'élevaient dans les grades ecclésiastiques grâce à l'oncle chanoine, abbé ou évêque; lorsqu'ils étaient chevaliers, ils partaient combattre dans l'équipe de l'oncle banneret, sûrs de trouver dans son entourage chaude amitié, ferme soutien et les chances les plus assurées de faire fortune.

Guillaume choisit ce parti. Dans les jours qui suivirent son adoubement et ses toutes premières prises, il repassa la mer. Il voulait, disait-il, visiter son « *bon lignage* » – entendons bien : celui des deux dont il pensait pouvoir tirer le meilleur avantage. Prenant congé, il reçut du sire de Tancarville un dernier conseil : ne pas s'attarder en Angleterre; le pays ne valait rien pour qui souhaitait s'avancer dans le métier des armes. C'était parole de Normand, chauvine. Elle était pourtant fort avisée, et le jeune Guillaume sut en tenir compte : il venait d'apprendre le profit que l'on peut tirer des tournois; il retenait que, pour lors, on n'organisait pas de tournois outre-Manche. Du moins savait-il, et c'était la raison du voyage, trouver en Angleterre une maison plus huppée. Patrice de Salisbury avait sur Guillaume de Tancarville la supériorité d'être comte. C'est-à-dire qu'il se situait immédiatement au-dessous du souverain, au plus haut degré de la hiérarchie des honneurs et des puissances. En outre, il était mieux en cour. Depuis qu'il s'était décidé à soutenir la mère du roi Henri II, Patrice avait su conserver l'amour du Plantagenêt. Par lui, son neveu s'approchait un peu plus de la maison royale.

Ainsi, ce fut au service du roi qu'à peine arrivé, il regagna le continent. Il s'embarqua cette fois pour le Poitou. Aliénor d'Aquitaine, comtesse de Poitiers, reine d'Angleterre, s'y rendait pour tenter de soumettre ses vassaux révoltés. Le roi Henri avait chargé Patrice d'assurer à sa place la garde de son épouse pendant le voyage. Dans cette fonction de protection, le comte de Salisbury fut attaqué par surprise par l'un des grands barons rebelles, le sire de Lusignan. Il mit d'abord la reine en sûreté, fit front en toute hâte, insuffisamment équipé. Il se porta, pour les arrêter, au-devant des agresseurs sur un cheval nu. Tandis qu'il attendait la monture plus sûre que ses écuyers conduisaient vers lui, il fut frappé à mort par-derrière, à la poitevine : on disait partout au nord de la Loire que les gens de ce pays, sans foi ni loi, agissaient toujours en traîtres. Cette agression fit scandale. On la dénonça comme un crime. A double titre : la morale des guerriers, des vrais, des nobles, des Francs, prescrivait de veiller à ne pas tuer les chevaliers, interdisait en tout cas de les tuer de cette façon, de dos, lorsqu'ils n'étaient pas munis de toutes leurs armes. D'autre part et surtout, la morale féodale condamnait le vassal qui portait la main sur son seigneur ou sur celui – c'était le cas de Patrice – qui en tenait lieu. Or, de ce crime odieux, il advint que Guillaume fut le vengeur, et je pense que cet exploit fut, pour son avancement, décisif.

Dès qu'il aperçut le coup dont son oncle mourait,

il agit conformément aux préceptes d'une troisième morale, la plus contraignante, celle du lignage. Son parent – et quel parent : son oncle maternel, son plus que père – tombait sous les coups d'un meurtrier. Son devoir était de bondir à la rescousse, de tenter de sauver la victime, à tout le moins de laver l'injure dans le sang de l'homicide. Il s'élança témérairement, tête nue, sans heaume. Ils furent bientôt soixante-huit contre lui, armés d'épieux; à plein courage, il parvint à tuer six de leurs chevaux; mais enfin, passant de l'autre côté de la haie où le jeune chevalier s'était adossé, un adversaire, parderrière encore, lui perça la cuisse. Il tomba. On l'emporta, bonne prise, grièvement blessé : ici se place l'épisode de la dame à l'étoupe. De ce fait d'armes, fort brillant, le retentissement fut tout autre que des plus évidentes prouesses accomplies sur le champ d'un tournoi. Guillaume ne jouait pas. Il ne cherchait pas la gloire ni le butin. Il remplissait son devoir, le premier devoir d'un jeune, affrontant le mal, risquant vraiment sa vie. Cela seul eût pu rehausser sa précoce renommée. Mais il se trouvait que l'homme dont il avait conduit la vengeance était lieutenant du roi. Il passa donc pour avoir vengé le roi lui-même et pour avoir défendu la reine puisque, dans l'affaire, c'était bien à la personne de celle-ci que les criminels en avaient. Aliénor en fut persuadée : elle donna pour Guillaume des otages, le tira de captivité, elle le prit parmi les siens. Il fut nourri, équipé par elle. De la familiarité de son oncle, cet événement fortuit le transférait dans la familiarité du souverain.

*

L'état monarchique, à l'époque, s'était suffisamment dégagé de l'embroussaillement féodal, il avait pris assez de maturité : acquérir l'estime du roi, quelques mois après l'adoubement, décidait d'une carrière. Deux ans plus tard, dans l'été 1170, Henri II constituait la maisonnée de son fils aîné, Henri le Jeune, dont il venait, par le sacre et couronnement, de faire un roi. Auprès de ce prince, garçon de quinze ans, donc majeur depuis un an selon les coutumes de l'époque, mais qui n'était pas encore adoubé, que l'on devait guider, brider, il fallait un homme de confiance qui fût comme le mentor de l'héritier, son instructeur dans le métier militaire, qui l'aidât, voire en se substituant à lui dans les passes difficiles, à ne point ternir la gloire de la maison. Henri le père chercha parmi les jeunes chevaliers qui se faisaient valoir autour de lui. Ce fut Guillaume qu'il désigna « *pour garder et pour enseigner le jeune roi d'Angleterre* ».

A vingt-cinq ans, voici donc Guillaume casé bien au-dessus de ses premières espérances, membre de la maisonnée, de la « mesnie », comme on disait, de l' « hôtel » d'Henri le Jeune. Ce corps était formé d'un noyau dur, permanent, de cinq ou six chevaliers (Guillaume en faisait partie); certains jours, il se dilatait, et parfois démesurément; il arriva qu'il rassemblât jusqu'à deux cents chevaliers; habituellement, l'effectif était d'une vingtaine de guerriers parmi lesquels les Normands se trouvaient les plus nombreux. Incontestablement, Guillaume était le chef de la bande, « *surmontant tous ceux de l'hôtel* ». On serait en droit de se demander si la biographie ne fait pas ici au héros la part trop belle. Or son témoignage est confirmé par les documents d'archives : dans la liste des personnages qui souscrivent les actes d'Henri, le nom du Maréchal se lit avant celui de tous les simples chevaliers; il vient immédiatement après le nom des nobles de première catégorie, les barons. Voyons donc Guillaume comme une sorte de maire du palais; il veille sur le patron encore adolescent, il le dirige, il le manie. Guillaume se glorifia toute sa vie d'avoir été, ces années-là, « *sire et maître de son seigneur* » (et son biographe, après lui, justifie : « *Par Dieu, il le put bien être, puisqu'il le repaissait de prouesses.* »). Entendons le sens de l'expression : Henri le Jeune était effectivement le « seigneur » de Guillaume qui, comme tout vassal, lui devait fidélité. Henri, cependant, le tenait pour son « maître », au sens pédagogique de ce mot : son maître d'armes. De ce magistère procédait l'ascendant qui faisait de Guillaume le « sire » de ce garçon, son seigneur. En latin, le mot qui viendrait serait *dominus*. Guillaume à proprement parler dominait Henri. Or celui-ci était roi. Associé de son père pour le moment, et en position subalterne. Mais Henri le Vieux approchait de la cinquantaine, de l'âge où meurent les princes de ce temps. Henri *junior* ne le serait donc bientôt plus. Il allait régner seul. Alors Guillaume serait le mieux placé de tous pour faire belle fortune à ses côtés.

Pour l'instant il l'éduque, lui enseigne ce que le « valet », le petit gars, doit progressivement apprendre. Cette formation se poursuit au sein de l'escouade que constitue la mesnie, en cet essaim vagabond, qui « erre ». Errance et dépense, les deux forcément vont ensemble. Or le jeune roi n'a rien à lui. On lui fait désirer l'un des grands fiefs de ses ancêtres, la Normandie, ou bien l'Anjou. Le roi

Henri II, qui se méfie de son fils immature, répugne à remettre entre ses mains de si belles pièces. Il faut par conséquent que l'héritier continue de vivre aux crochets de son père. Celui-ci crie bientôt au gaspillage. Des jaloux l'entourent, qui l'excitent : « *Avant-hier c'étaient cinq cents livres. Il n'en n'a plus. Je ne sais quel jour, il en a reçu mille...* » Tandis que, de leur côté, les chevaliers de la maisonnée poussent leur patron à toujours plus d'exigence. Tous les lignages nobles de l'époque, sauf peut-être celui des rois de France, étaient travaillés par les effets de cette situation fausse : un jeune homme à qui tout échoira, que ses oncles et ses frères envient, qui grandit, qui ne supporte plus de dépendre des libéralités paternelles. Impatience de part et d'autre; « *maintes grosses paroles amères* »; inexorablement la discorde s'aigrit, et tous ceux qui ont intérêt à l'aggravation de ces déchirements domestiques, en particulier les chefs des seigneuries adverses, s'appliquent à envenimer la querelle, à dresser autant qu'ils peuvent le vieux, le jeune l'un contre l'autre. Dans la maison Plantagenêt, ce fut finalement la rupture. En 1173, tandis qu'une bonne part du baronnage s'était soulevée en Angleterre contre l'expansion de la puissance étatique, Henri II, qui tenait sa cour à Alençon, apprit que son aîné s'était révolté, entraînant avec lui Richard, son frère. Etablis au sud de la Loire, sur les territoires appartenant à leur mère, toute l'aristocratie de l'Aquitaine, en état d'indocilité permanente et qui n'attendait que l'occasion, se soulevait derrière eux. Le roi de France, évidemment, les soutenait, son jeu consistant à profiter de tout ce qui pouvait affaiblir son grand rival. Guillaume tint le parti de son seigneur direct. C'était son devoir : il était de sa « famille » et « son homme »; il lui appartenait. Mais il considérait aussi son intérêt : il tablait sur le futur, sur la jeunesse, la promotion qu'il croyait prochaine de celui dont il était le « sire ». Le chroniqueur Benoît de Peterborough, lorsqu'il relate la discorde, inscrit Guillaume le Maréchal sur la liste de ceux qui trahirent Henri II.

L'autre Henri, le Jeune, avait alors dix-neuf ans. Il était roi, lui aussi, mais il n'avait pas d'épée, car on ne l'avait pas encore armé chevalier. Et pour les guerriers de sa maison, c'était une honte; ils allaient répétant : qu'on se hâte de l'adouber, « *sa mesnie en sera plus hardie, plus honorée, et surtout beaucoup plus joyeuse* ». En fait, Henri ne connaissait pas suffisamment son métier. Il n'avait pas non plus tout à fait l'âge. Son père surtout n'était pas pressé. L'auteur de l'histoire du Maréchal prétend qu'il souhaitait, pour « *surhausser* » son héritier le voir adoubé par le roi de France. Il revenait en effet souvent au beau-père – Louis VII l'était depuis les noces de 1171 – d'armer son gendre. On peut toutefois penser que Jean l'Ecrivain dit cela pour faire valoir son héros. En effet, le sacrement militaire ne fut pas administré par un roi, lui-même sacré; il le fut par Guillaume le Maréchal, pauvre chevalier, qui ne possédait « *pas une raie de terre ni rien, fors sa chevalerie* ». Son élève s'avança vers lui, présentant l'épée : « *De Dieu et de vous, je veux recevoir cet honneur.* » Guillaume le ceignit du glaive, puis baisa le chevalier nouveau. Gonflé de gloire, et tous autour de lui l'enviaient, en particulier ces très grands seigneurs de la cour de France que Louis VII avait dépêchés : l'un de ses frères, son connétable, le sire de Montmorency, Guillaume des Barres. Ils étaient pour lors les alliés du fils rebelle. Ils nouèrent à ce moment avec le Maréchal une amitié qui ne devait jamais fléchir, en dépit de tous les conflits et des renversements d'alliance : la guerre à cette époque était, autant que la paix, normale, une occupation, une façon, un moyen de vivre; passagère; et, pour les chevaliers, plaisante; elle ne rompait rien durablement des relations de cœur.

Je me demande si, élisant son maître, le nouveau chevalier n'avait pas voulu manifester, justement, en pleine révolte, son indépendance, éviter de s'assujettir à plus puissant que lui par cette révérence que tout chevalier devait à celui qui l'avait introduit dans son « ordre », si Henri le Jeune ne désirait pas n'avoir pour parrain, comme il le dit lui-même, que Dieu. Et Guillaume, mais qui n'était rien. Celui-ci, toutefois, considéra jusqu'à sa mort comme le plus grand honneur qu'il eût reçu d'avoir si jeune tenu ce rôle. Il avait joué, petit enfant, dans les bras du roi d'Angleterre. Voici que ses propres mains transféraient le roi d'Angleterre de l'enfance à la pleine virilité. Que ne pouvait-il désormais espérer de son seigneur?

A l'automne 1174, la paix revint. Très dure pour les rebelles anglais. Mais le vieux roi accorda le pardon à son fils. Il ne tint pas non plus rigueur à Guillaume qui n'avait pas failli : la fidélité domestique prenait alors le pas sur toutes les autres, le devoir était de servir celle-ci la première. Henri le Jeune n'avait pas grand-hâte de revenir près de son père; il s'attarda sur le continent; finalement, un an plus tard, il passa la mer avec son « hôtel ». Il s'ennuya vite : point de tournois en Angleterre. Il fut bientôt las des chasses, des palabres, de « *séjourner* », d'être au repos. « *Long séjour honnit jeune homme.* » Ce qui veut dire : le remplit de honte. Honteux, désœuvrés, les « jeunes », les « bacheliers » ne tiennent plus en place et se rendent insupportables. Henri le Jeune le devint en quelques mois. Dès qu'il parla de pèlerinage à Saint-Jacques-de-Compostelle, Henri le Vieux lui accorda très volontiers son congé, acceptant pour s'en débarrasser au plus tôt de payer de nouveau les frais d'une tournée supplémentaire. Le jeune roi et les siens filèrent donc sur le continent, choisissant la traversée la plus courte, de Douvres à Wissant, près de Boulogne. Le très important comte de Flandre, Philippe d'Alsace, qui menait par le royaume de France une orgueilleuse politique, attendait la bande. Il comptait bien prendre sous sa coupe le blanc-bec qui la conduisait, en l'amusant. Le 19 avril 1176, la vie redevint savoureuse. Le pays des tournoyeurs et de la belle errance s'ouvrait de nouveau devant l'escadron qui débarquait, Guillaume le Maréchal en tête.

4

A l'orée de la trentaine, celui-ci se sentit pour la première fois parfaitement maître de lui. Certes, il demeurait pris dans un groupe. Mais, loin d'Henri II, il ne sentait plus dans ce groupe d'autorité qui le bridât. C'était lui qui tenait, à pleines mains, les rênes. Le chef en titre de la compagnie, qui la couvrait de ses couleurs, le chevalier nouveau qu'il venait de faire, trop peu habile, ne pouvait se passer de lui, s'en remettait tout entier à son conseil, à ses secours. De fait, le Maréchal avait, comme un baron, la responsabilité d'une maison, et d'une maison très indépendante. Comment allait-il se conduire? Comment racontait-il plus tard s'être conduit, lui qui prétendait être reconnu comme le meilleur chevalier du monde?

Sa fonction, son devoir envers lui-même, envers le seigneur qu'il servait et tous les hommes de la « famille », consistait, pour parler comme l'auteur de l'*Histoire*, à « *conquérir le prix* » – entendons la renommée de vaillance – et l'honneur. Accroître cet honneur, en tout cas ne rien épargner pour que l'honneur ne faiblît pas, pour éviter d'être honni. La honte, les hommes de ce milieu craignaient d'abord qu'elle ne leur vînt par les débordements des femmes, celles de leur proche parenté, de la leur surtout, leur épouse. Henri, le moins âgé de tous, était dans la bande le seul marié, non seulement parce qu'il n'y avait pas d'autres mâles premiers-nés à l'intérieur du groupe, mais parce que ces groupes, ces « mesnies », s'identifiaient à des maisons nobles qui toutes étaient construites autour d'un seul couple conjugal. Il revenait donc au roi d'Angleterre en second de tenir à l'œil sa compagne. Mais les autres chevaliers, le Maréchal, ses camarades, étaient célibataires. Ils couraient moins de risques. Leur ardeur se portait toute à remplir au mieux les obligations de la chevalerie, à respecter les règles d'une morale inculquée durant l'adolescence et que tenaient présente en leur esprit tous les récits, toutes les chansons qu'ils écoutaient. De cette éthique, les contraintes majeures étaient de trois sortes.

De fidélité d'abord. Tenir parole, ne pas trahir la foi jurée. Cette exigence se trouvait dosée en fonction d'un encadrement strictement hiérarchisé. Le chevalier se situait au centre de plusieurs ensembles emboîtés dont sa loyauté maintenait la cohésion. Il devait être loyal envers les constituants de tous ces ensembles. Mais devant des requêtes contradictoires, il lui fallait être fidèle en premier lieu à ses plus proches et d'abord à celui qui était la tête de ce corps initial; les amis plus lointains passaient après, la foi qu'on leur devait était molle, elle pliait, mais sans pour cela se rompre, devant de plus fermes. Si c'était pour servir le chef de maison, le patron direct, manquer à ses autres amitiés n'était pas faute. Nul ne devait en prendre ombrage. Benoît de Peterborough avait tort de taxer Guillaume le Maréchal de traîtrise, et Henri II, on l'a vu, ne s'y était pas trompé.

Le second devoir de ces hommes de guerre était

d'agir en « preux » : la prouesse – combattre et tâcher de vaincre, mais en se conformant à certaines lois. Le chevalier ne se bat pas comme les vilains. En 1197, dans un moment de la dure guerre que menaient les Anglo-Normands contre le roi de France, Guillaume en fit la remarque un jour au comte Baudoin de Flandre. Suivi par la troupe de ses communes, celui-ci proposait de former comme un enclos, des « lices », avec les chariots des communiers. Les chevaliers attendraient là, à l'abri, l'assaut des adversaires. Le Maréchal s'éleva contre ce conseil. Qu'on dispose au contraire ces chars devant la place assiégée afin d'empêcher les piétons d'en face d'intervenir : les vilains devant les vilains. Mais pour les hommes dont c'est la fonction et l'honneur de manier les armes, point de forteresse. Ils affronteront l'adversaire sans « *goupiller* » (soucieux de ne point se comporter en « goupils », en renards, mais en lions), en plein champ, s'interdisant toute embûche, rangés en bataille, à découvert. Le preux ne cherche d'autre protection que dans l'expertise de son destrier, dans la qualité de son armure et dans le dévouement des camarades de son rang dont l'amitié le flanque. L'honneur l'oblige à paraître intrépide, et jusqu'à la folie. De cette témérité, les compagnons de Guillaume en vinrent à le tancer fraternellement devant les murs de Montmirail, durant les guerres du Maine : il en faisait trop. Par-dessus le fossé creusé dans le roc, défendant le repaire qu'il fallait forcer, un seul pont en dos d'âne, étroit, sans rambarde, était jeté. Sur le faîte se tenaient dix ennemis dont un cavalier, armés d'épieux. Le Maréchal lança au galop sa monture contre l'obstacle, s'y heurta; de lui-même le cheval fit demi-tour; s'il avait dévié de deux doigts, celui qu'il portait se serait fracassé dans l'abîme. D'une telle imprudence, plus tard, le Maréchal se vantait. Lorsqu'il enseignait Henri le Jeune, il l'excitait à s'aventurer de la sorte, sans regarder au danger, quitte à se jeter lui-même au secours de son pupille pour le tirer d'un trop mauvais pas, s'appropriant alors la gloire.

Peut-être devrais-je ici faire état d'un quatrième précepte : de manière aussi téméraire, gagner l'amour des dames. Le suivre valut à Guillaume les déboires que j'ai relatés. Mais les femmes tiennent si peu de place dans le récit qui m'informe : je passe donc sur la courtoisie. Je m'en tiens à la troisième des vertus nécessaires : la largesse. Celle-ci fait vraiment le gentilhomme, établit la distinction sociale. La biographie le dit clairement : « *gentillesse* (c'est-à-dire noblesse) *est nourrie en l'hôtel de largesse* ». Le chevalier se doit de ne rien garder dans ses mains. Tout ce qui lui vient, il le donne. De sa générosité il tire sa force, et l'essentiel de son pouvoir, en tout cas, tout son renom et la chaude amitié qui l'entoure. Le seul éloge que le Maréchal aima entendre de son père était qu'il avait répandu à foison les richesses, et ce fut sans doute en premier lieu pour sa munificence, pour ne savoir rien retenir, pour le gaspillage dont il était la source débordante, distribuant tout son avoir afin de réjouir ceux qu'il aimait, que le héros de la chanson entendait se voir lui-même admiré.

Mais c'est en ce nœud, principalement, de ses armatures que l'on voit la morale chevaleresque buter contre la réalité. Elle s'était édifiée en un temps où les pièces d'argent circulaient peu, où le don et le contre-don entraînaient presque tout ce qui, dans le mouvement de la richesse, ne procédait pas de l'héritage. Or, durant la très brusque croissance du dernier quart du XIIe siècle, l'invasion de la monnaie en est venue à tout bouleverser. Il devient évident aux moins perspicaces que les chefs des Etats renaissants « *oignent les paumes* », mènent leur jeu autant par l'argent que par les armes; c'est grâce à l'argent que le roi Henri II put détacher de son héritier rebelle les barons de France, grâce à l'argent que Philippe Auguste gagna plus tard l'appui de la curie pontificale. Ce pouvoir nouveau des deniers démoralise. En effet, la monnaie, comme de se retrancher derrière des palissades, est affaire de vilains, méprisable. Les vilains, les bourgeois, eux, ne la donnent pas; ils l'aiment trop; ils l'accumulent; ils la font fructifier, la prêtent à usure. Qu'on se souvienne de la colère de Guillaume devant le moine ravisseur. Alors que le chevalier, selon la morale de son ordre, n'y touche qu'avec répugnance et pour la disperser aussitôt dans la fête. Or, le chevalier est bien obligé de s'en servir pour des affaires sérieuses, et de plus en plus. Tout coûte. C'est le cas de l'équipement indispensable aux gens de guerre, et qui s'use vite, notamment des bons chevaux dont dépend la prouesse et que l'on perd aux jeux militaires, que l'on abîme dans les charges, qui crèvent sous leurs cavaliers. Chaque escadron de chevaliers errants est donc enveloppé d'une nuée de trafiquants empressés qui le suivent, qui le précèdent, l'attendent, le rejoignent aux relais, s'agglomèrent dès qu'un fort engagement est en vue. Ils ouvrent leurs ballots, mettent en montre, tentent. Ils procurent tout, mais ils en réclament le prix. Nul ne peut donc poursuivre la gloire et l'honneur sans lancer à la volée les deniers, et non plus pour son seul plaisir.

La maisonnée du jeune roi, par exemple, démène si grande dépense que les créanciers l'assaillent dès l'aube, au départ de chaque étape. On découvre alors que l'on doit à celui-ci trois cents livres, à celui-là cent, deux cents, pour des parures, mais aussi pour des palefrois, des vivres; tel jour, la dette « *monte bien à six cents livres* », avoue l'écrivain qui tient les comptes. Qui pourra trouver ce tas d'argent dans les coffres? Le Maréchal alors, s'avançant : « *La mesnie n'a pas ces deniers, mais vous les aurez dans un mois* », et l'on se fie à sa parole. Il advint une fois qu'un de ces roturiers bagarreurs venus tenter leur chance depuis des régions sauvages et pauvres, Sancho, le chef d'un parti de mercenaires qu'Henri le Jeune avait pris en gage et qui n'avait pas touché la solde (la marchandise en effet s'était insinuée jusque dans la guerre : des gens se faisaient payer pour la faire, et cher s'ils étaient de bons spécialistes) mit sa main au frein du cheval sur lequel allait Guillaume cheminant : « *Vous êtes pris. – Pourquoi? – Pour que vous me rendiez l'argent; je vous tiendrai quitte pour cent marcs. – Je suis pauvre chevalier, je n'ai rien. Mais, loyalement, je vous " fiancerai "* (Je vous engagerai ma foi) *de me rendre en votre prison tel jour que vous fixerez.* » Voici le Maréchal prisonnier pour les dettes de son seigneur. Par chance, il put trouver la somme, se dégager. Mais restent la gêne de ces obligations qui s'appesantissent, le dégoût de se lier sur parole, de s'aliéner corps et âme jusqu'à devenir leur captif à des marchands, à des routiers. Et, finalement, cette découverte, amère : « *quand l'avoir manque, il faut bien que l'orgueil se rabaisse* » : le dénuement peut lui aussi honnir. Obsession, toujours, de la honte. Ne plus pouvoir tenir son rang, sa partie dans le grand jeu de chevalerie, faute de monnaie. Comment se la procurer noblement, sans faillir, lorsque l'on n'est pas héritier d'un seul manoir, lorsque l'on n'a pas derrière soi ces intendants qui, sans que le maître s'en soucie, font rapporter les droits seigneuriaux ? L'argent apparaît désormais indispensable à l'honneur, quand l'honneur exige de le mépriser, et ceci dans le moment même où il est urgent de nourrir cet honneur, de l'exalter, lorsque l'on est encore un « jeune » : telle est la question, lancinante, à quoi le Maréchal fut confronté jour après jour à son retour en France, et durant les sept années suivantes, tout entières occupées par les tournois.

*

L'engouement pour les tournois était alors à son comble. Dans les années vingt du XIIIᵉ siècle, lorsque fut composé le récit, les contemporains jugeaient, semble-t-il, qu'il avait déjà nettement fléchi. C'est du moins le point de vue de l'auteur : ne nous hâtons pas trop de prendre pour simple lieu commun littéraire ces lamentations sur le reflux de la prouesse. Partons de ce fait : lorsque Jean le Trouvère traite des années 1173-1183, il ne parle à peu près, au long de plus de deux mille cinq cents vers, que de tournois. Aucun document, à ma connaissance, ne renseigne mieux sur ce qu'était alors ce sport. Comme aujourd'hui les corridas ou le rugby, il n'était pas pratiqué partout. Qui résidait en Angleterre et voulait s'y adonner, je l'ai fait remarquer tout à l'heure, était obligé de passer la Manche. La biographie du Maréchal contient la description de seize tournois et les localise avec précision, sauf un. On aperçoit ainsi le paradis des tournoyeurs délimité par une ligne enveloppante qui frôlerait Fougères, Auxerre, Epernay, Abbeville. On voit aussi que deux seulement de ces matchs furent disputés en plein cœur des principautés féodales, à Pleurs près de Sézanne, dans le comté de Champagne, à Saint-Pierre-sur-Dives, près de Caen, dans le duché de Normandie. Que tous les autres ont été organisés aux confins, sur les « marches » de ces formations politiques, à l'emplacement des vieilles forêts frontières qui de toute ancienneté séparaient les ethnies (aux limites du Vermandois et du pays capétien, entre Gournai et Resson, près de Compiègne; à trois reprises sur les lisières de la Champagne à Lagny et à Joigny, face à l'Ile-de-France et au duché de Bourgogne; sur les lisières de la Normandie, à Eu, face au Ponthieu, à Saint-James et à Saint-Brice, face à la Bretagne et au Maine, à Anet, Maintenon, Epernon, face au Perche et au comté de Blois). Une telle localisation est matière à réflexion pour ceux qui s'interrogeraient sur les origines de ces simulacres de bataille.

Quant aux joueurs, ils venaient en partie de l'aire circonscrite par les plus excentriques de ces quinze terrains et que je tiens pour la province mère, mais en partie aussi de l'extérieur. L'espace de recrutement formait donc une auréole autour de l'espace du jeu, large mais non point démesurée. Beaucoup arrivaient d'Angleterre; toutefois, parti de plus loin, un roi d'Ecosse faisait figure de spectateur intrigué. Beaucoup arrivaient de Bretagne, d'Anjou, de Poitou, mais aucun de régions plus méridionales. Beaucoup arrivaient de Bourgogne, de Flandre, du Hainaut, quelques-uns du pays Thiois, du pays d'Aval, c'est-à-dire de Basse-Lorraine; au-delà, vers l'est, personne. De fait, la vogue d'un sport dépend, autant que de la tradition, de l'ardeur de ceux qui l'organisent et se dépensent pour le succès de ses manifestations. Pour comprendre la géographie des tournois, nous devons donc regarder du côté de leurs promoteurs.

Point de roi parmi eux, sinon le jeune Henri, mais qui justement est jeune, qui, sous l'autorité de son père, tient le rôle de prince de la jeunesse, délégué aux activités futiles, et dont nul ne prend au sérieux la royauté. Il n'apparaissait pas décent que les lieutenants de Dieu, imprégnés par l'onction du sacre d'un pouvoir semi-religieux, se mêlent de tels divertissements que l'Eglise, depuis un demi-siècle, condamnait dans tous ses conciles comme un piège du Malin; les tournois, disait-elle, détournaient les chevaliers du Christ des affaires militaires importantes, et notamment de la croisade; ils les mutilaient, détérioraient ces guerriers voués à combattre le mal, l'hérésie, la mécréance; ils les décimaient : on risquait en effet la mort dans ces affrontements plus qu'à la guerre. Cependant, les ducs et les comtes – les hauts barons – ne se sentaient pas aussi étroitement retenus par les interdictions ecclésiastiques : ils étaient vingt au tournoi de Lagny. On est tenté de voir en eux les adhérents d'une sorte de club, d'une société d'encouragement à tournoyer. Il est permis de considérer en tout cas quelques-uns d'entre eux comme tenant entre leurs mains l'affaire du tournoiement. Ils s'entendaient pour répartir convenablement les rencontres au cours de la saison, pour mettre sur pied la publicité nécessaire. Toute la chevalerie comptait sur leur office. Le bien remplir était le moyen le plus efficace d'étendre leur prestige, la façon la mieux prisée, donc la plus profitable, de déployer leur largesse, pour la chaude reconnaissance qu'elle leur valait de la part surtout de ce qu'il y avait de plus frais, de plus fougueux dans la société militaire : tous ces « *jeunes hommes* » qui formaient la forte majorité des participants, puisque, de tous ceux qui se mesuraient sur les champs, les « hauts barons » étaient à peu près les seuls qui fussent mariés. Les pouvoirs, tout au long de l'histoire, ont cherché à se soutenir en organisant des jeux. Je suis persuadé que la haute aristocratie, dans le nord du royaume de France, ne trouvait pas, à la fin du XIIᵉ siècle, plus sûr atout pour résister à l'emprise croissante de la magistrature royale que de se gagner la chevalerie en lui offrant le divertissement qu'elle préférait. C'était aussi par plaisir que certains barons se donnaient, et tout entiers, à ce que l'on peut bien appeler un mécénat : les comtes de Clermont, de Beaumont, de Saint-Pol, de Boulogne, Robert de Dreux, cousin germain de Philippe Auguste, Thibaud de Blois, le duc de Bourgogne, le comte de Hainaut. L'un des plus passionnés était en ce temps Philippe d'Alsace. C'est lui qui mit Henri le Jeune, à peine avait-il débarqué, dans le coup. Il l'attendait à Arras pour l'entraîner sans délai au tournoi de Gournai. Prenant juste le temps de l'équiper à ses frais, superbement.

L'auteur de l'histoire de Guillaume le Maréchal s'excuse : il ne peut décrire dans le détail les péripéties de tous les tournois. Il y en eut trop : « *Presque chaque semaine on tournoyait de place en place.* » Si la vraie guerre s'arrêtait dans la mauvaise saison – les Français la haïssaient, dit le récit, « *quand la froidure étreint l'air* » –, le goût de jouer recelait tant de puissance que la froidure ni les intempéries n'interrompaient les tournois aussi longtemps, bien qu'il ne fît pas bon se battre par grosse pluie, que l'on hésitât surtout à exposer à l'humidité hivernale les chevaux et les pièces de l'armement – en particulier, très précieux et fragiles, les hauberts, les cottes de mailles qui rouillaient alors facilement. A Gournai, un match eut lieu les tout derniers jours de novembre en 1182; un autre le suivit le 13 janvier; l'entracte se trouvait ainsi réduit au plus court, le petit carême qu'imposait l'Avent, la période d'abstinence précédant Noël et, dans l'octave de cette fête, la tenue des grandes cours solennelles où l'on voyait les rois s'exhiber dans leur gloire, couronne en tête, et présider les plus graves palabres (comme le fit cette année même Henri II à Caen). De semblables interruptions prenaient place, et pour les mêmes raisons, autour de Pâques, de la Pentecôte, de la Toussaint. Mais, en dehors de ces quelques vacances, la chevalerie n'arrêtait pas.

Bien sûr, tous ses membres ne participaient pas à chaque rencontre, mais certaines d'entre elles les attiraient en foule. A Lagny, sans conteste le plus réussi de tous les tournois qu'évoque le texte que j'exploite, trois mille chevaliers étaient accourus, chacun équipé de ses servants; figuraient aussi quelques compagnies de combattants de basse naissance, méprisés, utilisés cependant, car fort habiles à manier les armes vilaines, les piques, les crocs, et dont les bandes mercenaires constituaient à l'occasion, comme dans les vraies hostilités, un appoint décisif; évaluons donc l'affluence à plus de dix mille hommes de guerre, et peut-être autant de chevaux; ajoutons encore la foule de parasites, maquignons, changeurs, filles de joie, réunis là dans l'espoir de récolter au soir de cette fête belliqueuse plus d'argent qu'à l'occasion du plus couru des pèlerinages. Une cohue. Pour deux ou trois jours, à proximité de Lagny, bourgade de célèbres foires, plus de gens se trouvaient ainsi rassemblés, plus de richesses, plus de trafics que nulle part ailleurs peut-être;

en ces années, au nord des Alpes, sauf à Paris. Et beaucoup plus, à coup sûr, d'argent brassé.

La biographie du Maréchal apprend que chaque tournoi était annoncé une quinzaine de jours à l'avance. La nouvelle se répandait. L' « *esclandre* », c'est-à-dire le bruit, qu'un combat se préparait à Eu s'était ainsi propagé, paraît-il, en deux semaines à travers la France, le Hainaut, la Flandre, la Bourgogne et le Poitou, la Touraine, l'Anjou, la Normandie et la Bretagne. Une telle rapidité sur une telle distance suppose un système perfectionné de communications, l'intervention d'un corps nombreux d'informateurs. La fonction publicitaire était remplie, peut-on penser, par ceux que l'on appelait les hérauts, professionnels de l'identification des joueurs et de la propagande. Capables de reconnaître tous les chevaliers, dont le heaume masquait le visage, aux signes héraldiques qu'ils arboraient, experts aussi dans l'art de composer et d'interpréter une chansonnette pour assurer le lancement de telle équipe ou de tel champion, l'encenser, hausser son prix (il y a du vrai, apparemment, dans ce que les jaloux colportaient de cet Henri le Norrois appliqué à faire croître la réputation du Maréchal). Ces intermédiaires, mi-poètes, mi-ruffians, pullulaient, semble-t-il, et prospéraient. Le succès des jeux dépendait d'eux. Sans recourir à leur office, on ne voit pas comment, sur une aire aussi vaste, sur un calendrier aussi tendu, les promoteurs auraient pu diffuser un programme aussi dense, aussi diversifié et rameuter autant de joueurs et de supporters.

L'annonce mobilisait principalement les « bacheliers », les chevaliers sans établissement, « errants ». Toutefois, je l'ai dit, rares étaient ceux que l'on voyait arriver seuls sur le terrain, au matin de

116

la partie. La règle était que l'on rejoignît en bandes le champ choisi pour le combat. Les grosses maisonnées s'y rendaient en corps, conduites par leur chef ou par son suppléant, sous la bannière portant les couleurs. On s'était apprêté fiévreusement dans la partie publique de la demeure du maître, dans la salle où, le soir, les chevaliers domestiques s'allongeaient côte à côte pour dormir. Cette nuit-ci, on l'avait passée tout entière à briquer le fourniment, à vérifier si les pièces de l'armure et du harnachement cavalier s'emboîtaient, s'ajustaient convenablement, fourbissant, roulant, pour le voyage, les hauberts et les cuissards de mailles, rectifiant les heaumes et les poignées de boucliers afin que les conjointures en soient plus sûres, passant dans les mailles les lacets qui, le moment venu, attacheraient le casque à la vantaille et à la coiffe, ces protections de la nuque et du cou. Ainsi s'était atournée l'unité de base. Chacune d'elles était l'émanation d'une maison, étroitement soudée par les liens de la commensalité, reconnaissable à son cri de ralliement, comme par un surnom patronymique, à l'enseigne peinte sur l'écu que portaient ses membres, tous camarades habitués à mener ensemble le jeu, à saisir au premier signe la balle au bond et qui partageaient en fin de partie, sous l'œil de leur capitaine, les profits et la gloire cueillis dans la compétition. Les quelques isolés tâchaient au dernier moment de s'intégrer à l'une de ces mesnies; ou bien, ils s'entendaient entre eux pour en former une, de fortune, tels ces « *quinze chevaliers de compagnie* » qui s'étaient associés pour le tournoi d'Anet et réclamèrent ce jour-là l'aide du Maréchal qui passait auprès de leur corps en difficulté. Ces escouades solidement agglutinées étaient regroupées à l'arrivée par les barons organisateurs de la rencontre. Les grands seigneurs étaient venus s'établir à l'avance en leur logis respectif, dans le château ou la bourgade proche du champ. Ils rassemblaient alors sous leur patronage des équipes que l'on peut dire nationales. Chacune en effet portait, au cours de l'engagement, la fierté de telle ou telle ethnie. Je tiens que le sentiment d'appartenir à un peuple, au peuple des « Francs » ou des « Angevins », était très vif à la fin du XIIe siècle, principalement négatif en vérité, comme un rejet de l'étranger : j'ai fait remarquer déjà de quel œil les Anglais regardaient les Poitevins, que des Normands jugeaient intolérable d'être dominés par un Anglais. Et je suis persuadé que cette fierté d'être champenois, breton ou français se fortifiait dans ces rencontres où l'on voyait se jeter l'une contre l'autre, rivalisant pour le prix, l'équipe de Champagne, celle de Bretagne ou bien celle de France (entendons de l'ancien duché de France, centre du Bassin Parisien). A vrai dire, pas plus que ne le sont aujourd'hui les équipes nationales, celles-ci n'étaient formées que de nationaux. Prenons l'équipe d'Angleterre que conduisait Henri le Jeune et dont le Maréchal était à la fois l'entraîneur et le vrai capitaine : pendant un an et demi elle se fit battre, puis, par le soin de son manager, elle en vint, selon ma source, à surclasser les autres, et même la meilleure, celle des Français qui jusqu'alors, lorsqu'ils la voyaient paraître sur le terrain, se partageaient à l'avance en riant « *les harnais et les sterlings* » dont ils allaient la dépouiller. Tandis qu'il conquérait peu à peu, grâce à Guillaume, l'honneur, le renom, et le butin aussi qui lui permettait de se montrer le plus généreux de tous, de rallier à lui les jeunes hommes, Henri le Jeune engagea sous les couleurs anglaises ce qu'il y avait de meilleur parmi les cavaliers; il choisissait, dit le texte, sans « *barguigner* », sans marchander, « *les bons chevaliers de France, de Flandre et de Champagne* ». Pour le tournoi de Lagny, il était parvenu à réunir une énorme formation multinationale : quatre-vingts chevaliers, dont quinze portant bannière – c'est-à-dire conduisant sous leur enseigne une équipe déjà formée –, ce qui portait à deux cents chevaliers et plus l'effectif total. De cette cohorte, le mémorial du Maréchal décrit par le menu les diverses composantes, et les classe par ordre de mérite sportif. Les Français sont nommés les premiers, puis les Flamands, puis les Normands; les Anglais, eux – le Maréchal venant en tête, il s'agissait en effet de l' « *hôtel* » dont il était le « *maître* », et son frère cadet Anseau figurait parmi les équipiers – ne paraissant qu'en quatrième position sur ce palmarès, suivis seulement par les Angevins.

On peut ajouter foi à ce que rapporte ici dans le plus grand détail le chansonnier chargé de rimer la vie de Guillaume : pour dresser cette liste si précise, il se référait certainement au compte qu'avait tenu le clerc au service d'Henri le Jeune. Car si l'on dénombrait avec tant de soin les joueurs engagés, c'est qu'il s'agissait d'argent. En ces sortes de choses, l'argent comptait en ce temps autant que de nos jours. Et l'on nous dit clairement que ces bannerets, le patron les avait à sa solde : il leur versait par jour, à dater du départ de leur résidence, vingt sous pour chacun des chevaux qu'ils amenaient. Ses succès, Henri les dut donc à la facilité qu'il avait de dépenser; son père, non sans raison, jugeait cette prodigalité insupportable : elle dépassait celle de tous les autres promoteurs. Un vaste marchandage précédait ainsi, accompagnait, suivait chaque compétition. Et les champions se

mettaient, du haut de leur réputation, aux enchè-
res. Guillaume le Maréchal fit monter celle-ci très
haut en 1183, dans le moment où, s'étant attiré la
rancœur de son patron, il travaillait à son compte :
« *chacun convoitait de l'avoir* », affirmait-il plus
tard, se disant prêt à payer le prix fort. C'étaient
des pensions qu'on lui offrait. Le comte de Flandre,
le duc de Bourgogne, une rente de cinq cents livres;
l'avoué de Béthune, la même, mais solidement
assise sur des terres bien désignées; Jean d'Avesne,
trois cents livres, et par-dessus le marché la seigneurie de tout ce dont il avait la maîtrise. Ne nous
fions pas trop à ce que l'on peut tenir pour vantar-
dises. Un fait est là : le sport était déjà un métier où
certains pouvaient gagner plus que n'importe qui à
l'époque.

La partie se jouait en une grande journée, à deux,
comme la bataille. Il fallait par conséquent que les
diverses équipes nationales se regroupent en deux
camps. La répartition était annoncée à l'avance. On
savait que tel jour à telle heure, les Angevins, les
Bretons, les Poitevins et les Manceaux rencontre-
raient l'équipe de France, celle de Normandie et
celle d'Angleterre. Sud contre Nord cette fois. Mais
quand le récit fournit le plan de jeu, des affinités
coutumières se révèlent. Ainsi les Normands et les
Anglais faisaient équipe ensemble, et presque toujours contre les Français à qui tout naturellement
s'associaient les Champenois et les Bourguignons.

*

Le terrain choisi, le « champ » (le mot est
emprunté au vocabulaire des jugements de Dieu,
c'est-à-dire des duels judiciaires ou des batailles, ce
qui revenait au même, de ces combats solennels où

deux princes convenaient de mettre sur le tapis, pour en finir, tous leurs droits et toutes leurs forces) était une vaste étendue de campagne. Apparemment sans limites précises, mais non sans aspérités. Venaient d'abord ce qu'on appelait les « lices », qui semblent des barrières, analogues aux clôtures qui enveloppaient en ce temps les demeures petites ou grandes où les hommes se retiraient pour le repos, et que la coutume protégeait, punissant de lourdes peines ceux qui tentaient de les briser. Les lices délimitaient en effet des refuges, les « *recès* », des aires neutralisées où les combattants avaient le droit, selon les règles du jeu, de se mettre à l'abri un moment pour reprendre haleine, boire un coup, se refaire. Devant ces sortes de haies, avant que ne soit ouverte la compétition sérieuse, la veille ou de très grand matin, les plus jeunes, les débutants, se défiaient, s'affrontaient en rencontres amicales. On les appelait « *joutes plaidisses* » : peut-être différaient-elles du vrai tournoi comme s'opposait au temps de la guerre celui des « plaids », des palabres, des assemblées d'arbitrage. Ça n'était en effet qu'exercices où, d'un commun accord, on évitait les horions trop dommageables. Sans péril et sans enjeu, le Maréchal méprisait fort ces jeux pour rire : il n'y avait là rien à gagner, ni rien à perdre. Devant les lices, on voyait aussi, au début de la journée principale, la seule de la féria qui comptât vraiment, les équipes venir se ranger, s'apprêter et, pied à terre, encore désarmées, attendre que l'ensemble des formations fût réuni. Cependant, hormis ces barrières érigées pour les besoins de la compétition, il existait en plein terrain d'autres obstacles. Accidentels, ils rendaient la partie plus piquante, car on pouvait les utiliser pour tendre des embuscades ou pour s'esquiver. Je parle de bosquets, des rangs de ceps d'un vignoble, de telle ancienne « motte », fortification de terre abandonnée, dont subsistaient les palissades, ou bien de ces « granges », de ces exploitations agricoles isolées dont les terroirs à l'époque commençaient de se parsemer. Parfois même, c'était un village, avec des rues étroites qu'un parti de piétons pouvait aisément obstruer, et qui devenait ainsi, les vilains qui l'habitaient ayant évidemment détalé, comme un petit château où patienter tandis que l'équipe adverse se fatiguait à courir les champs.

Sur ce parcours hérissé, le tournoi s'ouvrait par des figures légères, que l'histoire du Maréchal nomme, sans les décrire, les « *commençailles* ». Sans doute étaient-ce de simples parades. Les hauts hommes ne daignaient pas s'y associer : ils se dérangeraient plus tard. Ils déjeunaient en attendant, bouillants d'impatience lorsque les amusettes d'ouverture se prolongeaient outre mesure, furieux lorsque ces passes se déployaient si profondément que le tumulte juvénile en venait jusqu'à bousculer les tables où ils se restauraient. Le récit ne dit pas que le départ de la vraie partie fût déclenché par un signal. Lorsque l'une des troupes se sentait prête, elle s'avançait vers l'autre : le tournoi était engagé. Le jeu consistait en effet à se lancer sur l'adversaire. Tout à fait comme dans les vraies batailles : le choc de deux ensembles cavaliers, le fracas et la forte poussière. Deux mots, dans le vocabulaire très précis, très technique du poème, deux mots clés : « *férir* » dans le tas, frapper; et « *poindre* », charger, la lance dressée, en lignes successives, ceux de la vague suivante espérant bien que les premiers n'auraient pas tout brisé, qu'il leur resterait où taper. Le but étant d'abattre, de percer, d'« *outrer* », de « *défoler* » : chasser, bousculer ceux d'en face, les désordonner et provoquer finalement leur « *déconfiture* », la fuite en débandade.

Au départ, l'attention se portait à conserver à la formation, dans l'un et l'autre camp, sa cohésion la plus forte, à « *errer sagement* », c'est-à-dire en rangs serrés, « *bataillés* », chaque « *conroi* », chaque unité de base, étroitement rassemblé et veillant à maintenir ferme l'alignement, d'attaque ou de résistance, afin que le front ne vînt pas à sinuer. C'était bien le plus difficile. Il fallait au premier chef que chacun contînt son envie de se porter en avant des autres, l'incoercible désir de se dégager du groupe afin de « gagner » plus que les camarades, en honneur et en profit. La victoire allait donc davantage à la discipline, à la maîtrise de soi, qu'à l'ardeur. Passé quelques charges, dans l'ivresse des coups échangés, le désarroi finissait en effet par naître dans l'un des camps, soit de l'entrechoc des petites bandes juxtaposées, trop rapprochées ou se jalousant trop, soit de l'excès de turbulence, des irruptions incontrôlées de la fougue. Les capitaines d'équipe les plus avisés attendaient qu'intervînt ce désordre, se tenaient en réserve jusqu'à ce qu'ils vissent dans la partie adverse les lignes commencer d'onduler et, par endroits, de se rompre. Telle était la tactique du comte de Flandre. Il ne se plongeait pas avec les siens dans le tournoiement avant que n'apparussent les signes de la lassitude et du désordre. Il projetait alors sa maisonnée « *par la traverse* », dans le but de dissocier tout à fait l'autre armée déjà fléchissante, de la mettre en pièces, ses bannières jetées au sol, piétinée, fractionnée en petits ramas désorientés qui ne songeaient plus qu'à fuir, poursuivis, traqués par les meutes de l'adversaire, à s'accrocher à chaque accident du terrain, aux abois et bientôt encerclés, la journée s'achevant en un éparpillement de petits sièges tenaces. Voilà ce qu'était la « déconfiture », et l'on s'émerveillait lorsque l'un et l'autre parti tenaient ferme si longtemps que le comité des barons devait décider la trêve. D'un commun accord, on s'arrêtait, fort désappointé, en fin de compte, des deux côtés. En effet, les forts et les habiles avaient attendu tout le jour les dérangements de la déroute pour mieux gagner.

Car ce moment était celui des prises les plus faciles et les plus abondantes. Au tournoi, on ne jouait pas que pour l'honneur. Les chevaliers venaient là, comme à la guerre, pour ravir des armes, des harnais, des destriers, pour ravir des hommes. Aux avantages assurés, à la solde, aux gages que leur allouait le chef de leur équipe, ils rêvaient d'ajouter un supplément, leur part de butin. Les grands prédateurs se recrutaient parmi les « bacheliers » : aux seigneurs, aux hommes établis, une telle convoitise paraissait moins convenable. En 1198, quinze ans après la rencontre de Lagny, Richard Cœur de Lion fit reproche au Maréchal de se conduire ainsi, en jeune homme; il avait plus qu'étourdi, lui fendant le heaume et la coiffe, le gardien du château de Milly-en-Beauvaisis; puis, un peu las, il s'était assis tout bonnement, pour qu'on ne lui dérobât pas le vaincu, sur le corps du prisonnier; ce n'était plus manœuvre de son âge, ni de son état d'homme marié : « *Aux bacheliers, laissez le fait, qui ont à pourchasser leur prix.* » En effet, au tournoi, les barons se retenaient, semble-t-il, de trop saisir eux-mêmes. Ils mettaient plutôt leur soin à se garder d'être capturés. Mais les autres, dès l'arrivée, tandis qu'ils se rangeaient en ligne, faisant leur choix parmi l'équipe adverse et, supputant le prix des harnachements qu'ils apercevaient de loin, comparant leurs propres forces à celles d'autrui, ils repéraient par-delà l'étendue du champ celui qu'ils allaient tenter, au moment propice, de saisir. Le Maréchal s'en souvint toute sa vie : le matin de son premier tournoi, il avait d'un coup d'œil, lui chevalier tout nouveau, jeté son dévolu sur messire Philippe de Valognes; il avait bien visé, puisqu'il put s'emparer de cette belle proie, inaugurant ainsi la longue suite de ses prises. Parfois aussi, certains étaient arrivés, décidés à retrouver parmi la presse tel qui leur avait naguère manqué et qu'ils haïssaient pour cela; la rencontre était une occasion d'en découdre, d'assouvir des rancunes, vieilles ou toutes neuves. Guillaume traqua de la sorte Renaud de Nevers à Maintenon. De toute façon, la passion n'était pas seulement de bien jouer. Il est certain que l'ardeur à prendre ou à se venger, l'habitude de trier à l'avance, au vu du gibier, les pièces que l'on entendait se réserver, n'étaient pas sans accroître les risques de désordre. D'autant que rares étaient ceux qui, lucidement, se lançaient seuls. La chasse aux tournoyeurs, comme celle à la grosse bête, se menait par petits groupes de camarades accoutumés à débusquer, à courre, à forcer ensemble. Ils se mettaient d'accord pour envelopper, pour isoler celui qu'ils avaient levé. Le Maréchal ainsi fut assailli par cinq chevaliers à Saint-Brice, par quatre à Epernon; sept adversaires associés capturèrent le comte de Saint-Pol à Gournai.

*

Mais pour voir vraiment le jeu dans ses déploiements, ses feintes et ses fautes, le meilleur n'est-il pas de se reporter au texte de l'*Histoire*, à tel de ses épisodes? Elle ne décrit pas les ensembles, puisque l'auteur suit son héros, ne le quitte pas du regard, mais justement, la chance est là de pouvoir nous situer avec lui comme au cœur même de l'engagement. Je choisis donc – et non sans peine, car on voudrait pouvoir tout prendre – ce qui nous est conté de l'une des rencontres, celle de Lagny, et, traduisant seulement les vocables que nous ne comprenons plus, je livre le récit tel qu'il est, ou presque, afin que le lecteur juge de la qualité de la relation, ou plutôt – pourquoi refuser le terme – du reportage, pour qu'il se réjouisse de cette admirable aisance du poème à rendre le mouvement, la vie, bien que les mots fussent encore trop peu nombreux et malgré les contraintes de la versification. La description commence avec le vacarme, en une suite de vers courts :

... Grande noise et grand bruit.
Tous tendaient à bien férir.
Là vous eussiez pu entendre si grand éclat
de lances, de quoi les fragments
tombant à terre jusqu'à se joindre
empêchaient les chevaux de poindre.
La presse fut grande en la plaine.
Chaque conroi crie son enseigne...
Là vit-on prendre des chevaliers
au frein, d'autres venir à rescousse.
De toutes parts vit-on courir
chevaux, et suer d'angoisse,
Chacun s'applique autant qu'il peut
à bien faire, car en tel ouvrage
prouesse se montre et se découvre.
Vous auriez vu la terre trembler
quand le jeune roi dit : « Ça suffit,
poignez, je n'attendrai plus. »

Le roi poignit, mais le comte [son frère,
    comte de Bretagne] se tint
prudemment et ne vint point...
Ceux qui étaient auprès du roi
se mirent en mouvement avec tant d'outrance
qu'ils ne firent plus attention au roi.
Ils se poussaient si avant
qu'ils mirent les autres en déroute.
Ce ne fut pas retraite mais déroute
quand ils les eurent acculés
parmi les vignes, parmi les fossés.
Ils allaient parmi les ceps
de vigne qui étaient épais,
et là tombaient souvent les chevaux.
Etaient défolés vitement
ceux qui tombaient, et enlaidis...
Le comte Geoffroy avec sa bannière
poignait de si étrange manière
quand le roi vint, que furent éloignés
tous ceux qui auraient dû être avec lui.
Aussi, le roi, en survenant,
ne put en nul lieu atteindre
leur gent, car l'adversaire s'en allait
et était rudement poursuivi,
les uns tendant à bien faire,
les autres s'appliquant au gain.
Aussi le roi fut-il anxieux.
de se trouver ainsi tout seul.
Il vit sur sa droite un bataillon
de leurs gens. Ils pouvaient être
quarante chevaliers, au moins.
Tenant une lance en ses mains,
il leur courut sus,
et si durement les heurta
que se brisa en chemin sa lance
comme si elle fût de verre.

Et ceux-là qui étaient nombreux,
par le frein bientôt l'arrêtèrent.
Ils accouraient de toutes parts,
alors qu'à lui il était advenu
de n'avoir de toute sa gent ensemble
personne que le Maréchal qui le suivait
de près, car il avait coutume
d'être près de lui dans le besoin...
Et Guillaume aussi, celui de Préaux,
qui ce jour-là avait été pris
et s'était séparé de son groupe,
revêtu sous sa cotte
d'un haubert très privément,
un chapeau de fer aussi sur la tête
sans plus ni moins.
Les autres tenaient entre leurs mains
le roi, chacun d'eux mettant sa force
à abattre son heaume.
Le Maréchal s'avança tant
qu'il se lança sur eux.
Il férit tant, avant, arrière,
leur démontra tant sa manière,
et tant poussa, et tant tira
qu'à force au roi arracha
la têtière de son cheval,
avec tout le frein et le tira.
Et Guillaume de Préaux prit
le cheval par l'encolure et mit
grand-peine à sortir de la mêlée,
car beaucoup lui allaient autour
et qui voulaient le retenir.
Il se peinait beaucoup de férir,
Guillaume de Préaux, souvent.
Le roi le couvrit sagement
de son écu, afin qu'ils ne l'atteignent
ni ne lui fassent mal.

Mais [les autres] se démenèrent
tant qu'ils arrachèrent au roi
son heaume de la tête
ce qui lui pesa fort, et le blessa.
La mêlée dura longtemps,
et la faisait très durement
le Maréchal, qui harcelait,
et s'y employait à grands coups...
Tandis que le roi s'en allait ainsi
Messire Herloin de Vancy
– il était sénéchal du comte de Flandre –
avait bien trente chevaux
hors de la presse.
Un de ses chevaliers s'élança
et vint parler au seigneur Herloin.
« Nom de Dieu, fait-il, bon doux Sire,
voyez là le roi près d'être pris.
Prenez-le. Vous en tirerez le prix.
Il a déjà perdu son heaume
et s'en tient fort éperdu ».
Quand Messire Herloin l'entendit
il s'en réjouit très durement
et dit : « Il est, je crois, à nous. »
Tous férirent des éperons
à grande allure, après le roi.
Le Maréchal n'attendit pas
mais chargea à la lance vers eux.
Il les heurta si durement
que sa lance se brisa toute.

[Ici un vers ou deux manquent dans le manuscrit, qui montrent sans doute Guillaume le Maréchal renversé par le choc et tout près d'être jeté à terre.]

> ... jusqu'au jarret de son cheval.
> Mais tout fut redressé sans faille.
> Sur lui, comme en une bataille,
> ils se jettent à l'assaut, et il se défend.
> Tout ce qu'il atteint, il le fend,
> découpe des écus, fausse les heaumes.
> Tant fit le Maréchal Guillaume
> que nul de ceux qui étaient là
> ne sut ce que le roi était devenu.
> Plus tard, le roi dit,
> et tous ceux qui l'avaient vu,
> Et tous ceux qui en entendirent parler,
> que jamais coup ne fut vu
> ni su d'un chevalier seul,
> plus beau que celui du Maréchal ce jour-là.
> Les meilleurs l'en louèrent beaucoup...

L'éloge est outrancier, bien sûr. Comme le roman ou la chanson de geste, il isole abusivement le héros du groupe qui obstinément l'enserre, et met l'accent sur l'exploit singulier. Mais il donne à voir, merveilleusement, que le jeu consiste d'abord effectivement à faire des prisonniers, ainsi que les façons de s'y prendre pour capturer. La plus expéditive et aussi la plus glorifiante étant d'« *abattre* » le joueur adverse, de le désarçonner d'un coup, à la lance.

On apprend par d'autres passages de la biographie que l'escrimeur heureux en restait souvent là, hésitant à jouer quitte ou double : il négligeait le cavalier terrassé et s'éloignait, emmenant avec lui le cheval. Au tournoi d'Eu, Guillaume le Maréchal jeta ainsi à terre Mathieu de Walincourt à deux reprises, s'emparant par deux fois de son destrier, le même. Culbuter allégrement le chevalier d'en

face passait auprès des connaisseurs pour la figure
la plus réussie de ces grands ballets militaires. Et
l'on applaudissait à tout rompre ceux qui prenaient
pour cibles les hauts barons. Comme dans les
vraies batailles, le but ultime était – on vient de
voir Herlouin de Vancy s'en pourlécher à l'avance –
de renverser les chefs ou de les prendre. Quand un
comte de Clermont tombait, puis se relevait,
remontait à cheval comme Philippe Auguste à Bouvines, on en parlait « *loin et longtemps* ». A vrai
dire, de telles réussites étaient rares. D'abord parce
que seuls les plus valeureux, les plus téméraires se
cognaient de la sorte. Les couards s'en gardaient
bien, se tenant à distance des commotions trop
brutales. Par conséquent, nul ne se sentait désho-
noré de choir. La chanson le dit bien : « *C'est entre
les pieds des chevaux qu'il faut chercher les
preux.* »

D'autre part, nous apprenons que les lances
étaient fragiles et volaient en éclats, la plupart du
temps, avant que l'adversaire ne frémît jusqu'à
tomber sous la charge. Ceux des guerriers qui se
risquaient à jouter savaient en effet se tenir fermement en selle et contrôler leur monture. Ils n'esqui-
vaient pas le choc. Ils tenaient bon. Alors la lutte se
poursuivait corps à corps, à l'épée, à la masse. Les
coups se concentraient sur le casque. Pour cela, le
harnachement de tête s'était, à l'époque, considéra-
blement perfectionné. Le simple chapeau de fer ne
semblait plus protection suffisante; on l'abandonnait aux valets. Le heaume tendait à la fin du
XIIe siècle à prendre la forme (il l'avait pris, quarante ans plus tard, lorsque le biographe écrivait)
d'une boîte close, et si hermétiquement que le
combattant ainsi harnaché risquait l'asphyxie s'il
s'approchait trop près d'un feu de broussailles,

Guillaume en fit un jour l'expérience à ses dépens. Pour venir à bout de l'adversaire, c'est-à-dire pour le capturer, il fallait donc, en tapant, soit le dépouiller de cette pièce d'armure, mettre sa tête à nu – et si Henri le Jeune fut si « blessé » de se voir ainsi dénudé, ce n'était sans doute pas seulement pour avoir perdu sa principale défense; la honte, ici, s'en mêlait –; soit l'étourdir en frappant de toutes ses forces sur ce qui couvrait le crâne. Le Maréchal se souvenait d'être ainsi plusieurs fois resté prisonnier de son casque, aveuglé, incapable de s'en défaire, ou bien parce que, sous le choc, le heaume s'était retourné sens devant derrière, ou bien parce qu'il avait fini par être à tel point faussé que force était, à la fin du match, de recourir aux offices du forgeron, à son marteau, à ses pinces, de poser la tête sur l'enclume jusqu'à ce que l'on pût l'extraire de l'enveloppe de fer, enfin décortiquée à grand ahan.

Lorsque, toujours en selle, celui qu'on avait choisi de capturer se trouvait cependant si malmené, assourdi par la noise, lorsqu'il faiblissait, ne voyait plus clair, ne savait où frapper lui-même, le moment était venu de prendre son cheval « *au frein* », de le tirer hors de la presse, de le conduire vers les dépôts de harnois sur quoi veillaient les écuyers et les soigneurs. Partir ainsi, avec son butin vivant, n'était pas sans disloquer le groupe de combat, et la tâche la plus ardue des capitaines, aux tournois comme dans les combats véritables, consistait à retarder les entreprises de capture jusqu'à l'instant où le désarroi de l'adversaire s'était aggravé en débandade, lorsque l'autre camp s'était tout à fait désagrégé, lorsque les proies les plus alléchantes – comme ce fut le cas lorsque messire Herlouin décida d'intervenir – ne se trouvaient plus couvertes par leurs servants. Mais entraîner sa prise jusqu'en lieu sûr n'était pas non plus toujours facile, car les amis de l'hébété se précipitaient à son secours. Ainsi Guillaume, qui veillait sur le roi, son pupille. Quelquefois, le captif, sortant tout seul assez tôt des vapeurs où les coups sur le heaume l'avaient noyé, libérait son cheval et détalait; ou bien c'était le cheval qui se dégageait lui-même en se cabrant; parfois encore le cavalier abandonnait sa monture et parvenait à s'échapper, tel messire Simon de Neauphle : Simon s'agrippa au passage à une gouttière basse dans la ruelle du village où le Maréchal l'avait pris; se retournant à l'arrivée, celui-ci ne vit plus que le cheval nu : on rit beaucoup de part et d'autre. Car ce jeu très brutal, cela transparaît à chaque vers du récit, était aussi fort gai. Mieux valait par conséquent, quand on en avait la force, s'assurer tout de suite du captif dont le prix était plus élevé que celui de la monture, le prendre à bras-le-corps, et, l'ayant fait basculer par-dessus le col du cheval, l'emporter tout vif : Guillaume se vantait d'avoir plusieurs fois réussi le coup. Lorsque la prise était enfin amenée à bon port, le cavalier capturé mettait pied à terre, il se reconnaissait prisonnier, donnait sa « fiance », sa parole; son vainqueur confiait le destrier à ses gens; quant au vaincu, désormais confiné sur la touche, il assistait en spectateur à la fin du combat, jugeait des coups, conseillait les joueurs, ses amis. Parfois, comme Guillaume de Préaux, il leur donnait un coup de main. Fraudant un peu. Qu'en était-il de la loyauté face au désir, à la passion de « férir » et de « poindre »? A moins que l'engagement de bouche n'autorisât en certaines circonstances à se replonger dans la mêlée. Comment expliquer autrement que certains avouaient s'être laissé prendre plusieurs fois dans la même journée?

Lorsque l'un des camps s'était éparpillé dans la déconfiture, ou bien lorsque, la nuit tombant, on décidait, exténués, de s'arrêter et d'attribuer la victoire aux points, les tournoyeurs ne se séparaient pas aussitôt. Sur le champ et ses abords, la presse demeurait pour quelque temps aussi serrée, mais pour des commerces paisibles. Elle n'avait plus l'allure d'un combat, elle prenait celle d'une foire. Plus de coups, des paroles, et le bruit n'était plus tant celui des armes que le tintement de l'argent compté. Il importait en premier lieu de panser les blessures du corps et, d'abord, de se dépouiller de l'armure démantibulée – ce qui n'était pas toujours petite affaire. Puis chacun s'informait de ses amis, perdus de vue dans les détours de l'empoignade : étaient-ils captifs, blessés, morts? Les hauts hommes, le heaume ôté, se livraient au plaisir de paraître, palabrant entre eux devant les jeunes, s' « *entredisant* » les affaires. Après avoir rivalisé de vaillance, ils rivalisaient de courtoisie et de sagesse à coups de mots, en d'interminables discours, toute la nuit. C'était un va-et-vient de logis à logis. On commentait le combat. On tentait, en juxtaposant les rapports partiels, de reconstituer dans son entier le déroulement de l'affaire, de distribuer équitablement les prix et les mentions. Un palmarès était ainsi peu à peu dressé, et les joueurs, à la fin de chaque rencontre, reclassés en fonction de leurs exploits du jour. Aux hérauts, aux ménestrels, revenait de publier le classement : de celui-ci dépendait le montant des gages que les participants allaient la prochaine fois exiger des chefs d'équipe.

Toutefois, la nuit tombée, dans les ténèbres qui

134

n'étaient pas toujours sûres (à Epernon, le destrier du Maréchal lui fut dérobé à la porte de l'hôtel où il était allé saluer le comte Thibaut), le fort du débat tournait autour du butin. A la guerre, l'usage était que les chefs de bandes, à la fin de l'escarmouche, « *partagent le gain* », remis tout entier entre leurs mains : ainsi, à Milly, le Maréchal conduisit-il le cheval qu'il avait pris au capitaine de son escouade : c'était alors le roi Richard qui, par largesse, le lui laissa. Qu'en était-il dans les tournois? Il semble bien que l'on y suivait les mêmes règles : lorsque Mathieu de Walincourt voulut obtenir la restitution gratuite de la monture dont le Maréchal s'était emparé au cours du combat, il n'alla pas le réclamer à son vainqueur mais au seigneur de celui-ci, Henri le Jeune. En tout cas, d'innombrables tractations se déployaient au soir de chaque compétition. Il s'agissait d'estimer, de compter, de s'acquitter. Les « *fiancés* » s'inquiétaient d'amitiés qui les aideraient à se libérer, à payer la rançon qu'ils avaient promise; et s'ils n'y parvenaient pas, ce qui était commun, ils partaient à la recherche, pour les remettre entre les mains de leur « *maître* », soit de cautions, soit d'otages. Les moins vergogneux quémandaient une remise, qu'on leur rendît les équipements dont ils avaient été dépouillés, qu'on leur en livrât au moins gratuitement la moitié. Les vainqueurs, et parmi eux, bien sûr, à chaque fin de partie, le Maréchal, se divertissaient de leur côté, usant de cet argent qui maintenant coulait de leurs mains et dont ils ne savaient bientôt que faire, en bons chevaliers qu'ils protestaient être. C'était surprise, en effet, d'en posséder autant, pour eux qui d'ordinaire couraient après les deniers. On voyait ainsi l'impécunieux s'offrir la joie de payer cette fois comptant ce qu'il achetait, d'allonger d'un seul geste cinq mille cinq cents pièces d'argent ou bien, désinvolte, jouer aux dés sa prise. Et s'il gagnait – le Maréchal évidemment gagnait toujours – s'abandonner au plaisir éminent de faire des dons à tout le monde, aux croisés, aux malchanceux, à ceux qui ce jour-là s'étaient fait prendre, vider sa bourse, et quitter en chantant ses propres prisonniers de tout ce qu'ils pouvaient lui devoir. C'était peut-être bien cela seulement, cette libéralité extravagante et nécessaire qui distinguait le tournoi de la guerre où les captifs, même de sang noble, étaient beaucoup plus sévèrement traités, tels ceux que le chef de routiers Marcadé traînait derrière lui enchaînés, la hart au cou, comme des lévriers en laisse. Le tournoi était une fête. Il s'achevait comme toutes les fêtes dans l'insouciante dilapidation des richesses, et les chevaliers, les vainqueurs comme les vaincus, s'endormaient tous plus pauvres qu'ils ne s'étaient éveillés. Seuls avaient gagné les trafiquants, les parasites.

*

En conséquence, le Maréchal, victorieux à l'en croire de tous les tournois – du moins quand, après un an et demi d'exercices tâtonnants, il fut parvenu à pousser l'équipe d'Angleterre au premier rang –, ne s'enrichit guère durant cette période de sa vie. Il l'avouait lui-même au routier Sancho, sincèrement, et non pas pour obtenir merci : « *Moi, pauvre bachelier, qui n'ai pas une raie de terre.* » Il avait pourtant en sept ans capturé des centaines de cavaliers. Cinq cents au moins, dit-il sur son lit de mort. Au seul tournoi d'Eu, il en prit dix en un seul jour, et douze chevaux, avec les selles et les « *agrès* », dont l'un par deux fois. Pour tirer davantage du métier et parce qu'il valait mieux se servir de deux mains que d'une, il avait accepté l'offre d'un chevalier de la même mesnie, Roger de Gaugi, un Flamand, « *prisé d'armes, preux et hardi* ». Roger lui proposait de former entre eux une société, comme le faisaient les hommes d'affaires, partageant les profits et les pertes. Tous deux constituèrent ainsi, à l'intérieur de l'« hôtel » d'Henri le Jeune, ce corps très uni, un groupe de travail plus étroitement solidaire encore. Cette compagnie dura deux ans, et ils gagnèrent ensemble beaucoup plus que d'autres qui se groupaient à six ou huit. L'auteur de l'*Histoire* cite ses preuves, les comptes qu'avaient tenus les domestiques chargés des écritures, et notamment Wigain, clerc de la cuisine du jeune roi – et ceci confirme en passant que toutes les prises revenaient aux chefs de bandes. Entre la Pentecôte et le Carême suivant, Guillaume et Roger s'étaient approprié cent trois chevaliers; quant aux destriers et aux pièces de harnais, les comptables ne s'étaient pas souciés de les dénombrer. Toutefois, magnifique, jetant sur les tables les sacs de deniers à peine acquis pour qu'on s'en ébaudisse ensemble, beau joueur, renonçant en souriant à pressurer ses prisonniers, se démenant pour le seul plaisir de vaincre, Guillaume le Maréchal ne gardait rien pour lui, fors la gloire.

Depuis 1178, il dominait, et toujours de plus haut, l'héritier d'Henri II. Il s'était faufilé jusqu'au degré supérieur de la bonne société. Les hauts hommes le traitaient de pair à compagnon. On l'écoutait maintenant dans les conversations du soir. Dès 1179, le comte de Huntingdon et de Cambridge lui cédait le pas; il avait préséance sur d'autres bannerets. Il ne se sentait plus, faisait la roue, éclaboussait de sa vanité; peut-être alors se laissa-t-il aller aux imprudences, à jouer, sans assez d'habileté, en homme nouveau mal dégrossi, le difficile jeu d'amour courtois avec la reine. Le fait est qu'il devint insupportable dans l'hôtel. Ses camarades lui tendirent l'embûche que l'on sait, déchirèrent, par calomnie ou médisance, l'attache amoureuse qui liait Guillaume à leur commun seigneur, le perdirent. Il ne conserva guère qu'un ami, Baudoin, fils cadet de l'avoué de Béthune. Au début de 1183, à peine âgé de quarante ans, éloigné des cours, de la table royale, il en fut par là réduit à se conduire comme un tout jeune, comme un chevalier errant. Parce qu'il n'avait point d'épargne. Tout ce qu'il possédait, il le portait sur son dos. Ça n'était pas rien, en vérité, car il était fort attaché à l'éclat de son équipage, fort soucieux de paraître en élégance et d'éclipser tous les concurrents, exhibant les armes les plus brillantes et du tout dernier cri. Pour prendre soin de tout ce fourniment et pour se montrer, comme les barons, en belle escorte, il s'attacha un écuyer; à la foire de Lagny, il paya trente livres un second destrier, lequel, rappelait-il, ajoutant à la gloire de pouvoir tant dépenser celle de mieux s'y connaître en matière de chevaux que le vendeur, en valait bien cinquante.

Ce bel appareil convenait à sa réputation. Elle était si assurée qu'il aurait pu aussitôt se louer, et fort cher, s'agréger une autre équipe. On se le disputait en effet. Le comte de Flandre, le duc de Bourgogne l'avaient fait chercher par monts et par vaux et lui proposaient maintenant des ponts d'or : il refusa, sauf pour des participations temporaires; il dut sans doute à l'une d'elles d'acquérir le petit fief flamand dont on sait qu'il fut possesseur. Il aurait pu aussi, si l'on en croit ce que le souvenir a retenu, s'établir, sortir à ce moment de la « jeunesse », de la bachellerie, prendre femme, fonder sa propre maison : l'avoué de Béthune lui aurait offert sa propre fille, agrémentée d'une rente de mille livres. Le Maréchal affecta de n'être pas encore en « *courage* » – en intention – de se marier. Il remercia. Il suffisait à son orgueil d'avoir vu un comte de Saint-Pol s'approcher de lui au galop, alors qu'il s'avançait, en janvier 1183, sur le champ de Gournai, l'accoler, le baiser, le requérir de le prendre ce jour-là parmi ceux qu'il entraînait au combat, et lui, le Maréchal, bien sûr, déclinant un tel honneur, feignant de se tenir en contrebas, de respecter la hiérarchie des titres et des rangs, mais acceptant compagnie à part égale : le comte n'avait plus de bon cheval, il lui prêta l'un de ses deux destriers. Savourant la jouissance de s'établir, aux yeux de tous, en fraternité avec ce très haut baron qui conduisait trente chevaliers sous sa bannière, en position de grand frère évidemment, puisqu'il l'emporta de loin en prouesse tout au long de ce tournoi très réussi.

A la fin de celui-ci, on peut considérer qu'il est à l'apogée de sa célébrité sportive. Il met alors sa coquetterie à disparaître au plus vite, à s'éloigner de ceux qui voulaient à toute force se l'attacher, prétextant un pèlerinage à Cologne, aux reliques des Rois Mages. Geste de piété symbolique, puisque les trois rois avaient été, dans l'esprit sinon du Maréchal, du moins de son biographe, victimes de la méfiance injustifiée d'Hérode, comme il l'est alors lui-même de celle de son jeune seigneur. Et Guillaume va claironnant son espoir d'obtenir par ce saint voyage un miracle : d'être lavé du soupçon d'adultère qui pèse sur lui. De la sorte, il lance un appel. Au Ciel. Mais plus directement à l'ancien patron dont il ne se console pas d'avoir perdu

l'amour. Se comportant ainsi, le Maréchal est lucide. Il sait bien qu'il ne tirera jamais meilleur ni plus
solide profit de sa vaillance qu'en regagnant l'affection du roi en second d'Angleterre. A cette fin, il
s'arrange pour que l'on sache bien, dans l'entourage d'Henri le Jeune, non seulement ses récents
exploits, et qu'il n'a nul besoin pour vaincre de
racoler les compagnons par l'intermédiaire d'Henri
le Norrois, le héraut, mais surtout les propositions
mirobolantes qu'il a repoussées. Il attend qu'on le
rappelle, se fiant à l'entregent de Baudoin de
Béthune. Il n'attend pas longtemps. De fait, le
Carême passé, Henri le Jeune rompt avec son père,
mène de nouveau la guerre contre lui et cherche à
se munir d'appuis.

Le jeune roi tient un soir, dans une chambre,
conseil très restreint avec trois chevaliers seulement : son frère Geoffroy, comte de Bretagne, le
sire de Lusignan et Roger de Gaugi, naguère l'associé du Maréchal et qui soutient évidemment celui-
ci. Mais Geoffroy prend également sa défense, tra-
vaille à ce qu'il rentre en grâce : Henri, dit-il, ne
peut trouver meilleur conseiller dans les combats;
quant au sire de Lusignan, objet pourtant de la
haine de Guillaume qui le tient pour l'instigateur
du meurtre de Patrice de Salisbury, il offre de
combattre en champ clos pour prouver par duel,
pour la défense de la reine et du Maréchal, que les
accusations portées contre eux sont sans fonde-
ment. Henri le Jeune est convaincu. Il chasse le
principal des jaloux, ce traître qui avait pris la place
de sa victime à la tête de la mesnie. On se met en
quête de Guillaume. Le chambellan de la maison
prend la route, bat l'estrade en vain, s'en retourne
bredouille, fourbu. Par hasard, il tombe sur le
Maréchal qui revient, lui, frais et dispos, de Colo-

gne, et qui découvre, étonné, bénissant le Ciel, que son vœu est exaucé. Telle est la vertu des pèlerinages. Dévôt, Guillaume est aussi fort précautionneux. Il veut l'assurance qu'on ne parlera jamais plus d'adultère. Qu'on n'aille pas, dès qu'il sera rentré, le prendre au mot, l'inviter, comme il l'a naguère proposé, à livrer un duel judiciaire, un doigt coupé, ou contre trois champions successifs. En outre, accepter, c'est se prendre dans la querelle opposant le fils au père. Guillaume tient à ne pas encourir la colère de ce dernier. Il veut ne pas rompre les ponts et ne prendre parti, rejoindre le camp du jeune Henri, qu'avec l'assentiment préalable d'Henri le Vieux.

Apparaît ici en plus vive lumière que jamais ce qu'était en ce temps la guerre : rien de plus que l'un des temps forts de discordes interminables. Elle-même n'était jamais très longue. Interrompue sans cesse par des baisers, des simulacres de réconciliation, des trêves, elle se menait toujours en surface; incapable, à peine moins que les tournois, de porter atteinte à la trame solide de relations qui formait l'armature de la société chevaleresque. On s'y affrontait, parfois plus brutalement peut-être que sur les terrains de jeu lorsque les haines s'aigrissaient, mais sans que ce sport plus violent allât jusqu'à détériorer en profondeur, entre les adversaires, l'amitié de sang, de vasselage, d'adoubement, de compagnonnage. Il fallait des accidents, un coup mal mesuré, tuant par méprise, pour que les liens profonds se dénouent, pour que la rancœur se lève et nourrisse l'esprit de vengeance. Toutefois, chacun devait, ici encore, respecter les règles, parler, s'entendre, avant de passer d'un front de combat à l'autre. Au nom du chambellan, le jeune roi accorda donc un délai. Le Maréchal se rendit à la cour de France, où il comptait maints amis, fit savoir qu'il était maintenant disculpé, et qu'on ne mettrait plus le nez dans ses relations avec la sœur de Philippe Auguste, demanda et obtint des lettres du roi, de son oncle l'archevêque de Reims, de son cousin Robert de Dreux, du comte Thibaut de Blois, providence des tournoyeurs. Ces lettres, patentes, furent envoyées au vieux roi d'Angleterre, le sollicitant d'autoriser le calomnié à reprendre ses fonctions : Henri II ne put faire autrement que d'expédier ses propres lettres, patentes elles aussi, au Maréchal. En refusant, il eût donné à croire qu'il continuait d'ajouter foi aux ragots. Il lui permettait de rejoindre son seigneur et lui donnait du même coup congé de guerroyer, de tout son pouvoir, contre lui, mais l'assurait que l'amour qu'il lui portait n'en serait point attiédi.

A peine Guillaume le Maréchal, escorté par son ami Baudoin et par Hue de Hamelincourt, était-il revenu au bercail que le jeune roi mourait d'une brusque maladie, le 11 juin 1183. C'était un rude coup. Les mesnies se décomposaient aussitôt disparu leur chef. Par un brusque demi-tour de la roue de fortune, ceux qui se trouvaient au pinacle se voyaient rabaissés jusqu'à quémander leur pain de porte en porte. Toutes les espérances de Guillaume s'effondraient. Son patron, contre toute attente, trépassait avant son père, et dans le cours même de la guerre qu'il menait contre ce père, une guerre que Guillaume menait aussi. Autorisée. Mais l'amour que promettaient les lettres était-il si chaud ? Quel visage lui ferait Henri le Vieux ? Il pardonnerait, bien sûr, à son fils défunt. Mais à ses serviteurs ? Plus anxieux qu'aucun d'eux, Guillaume prit la tête des chevaliers de l'hôtel : leur devoir était de charrier le corps embaumé de leur seigneur depuis le Quercy où il était mort, jusqu'à son père d'abord, puis jusqu'à Notre-Dame de Rouen où Henri le Jeune avait choisi d'attendre la résurrection auprès de ses ancêtres, les ducs normands. Autre souci, mineur mais lancinant : la caisse, à l'accoutumée, était vide et les créanciers barraient la route; ce fut alors que le Maréchal dut se donner lui-même en caution pour cent marcs d'argent au routier Sancho. Henri II ne cilla point lorsque Guillaume lui raconta le mal inconnu, les souffrances, le dernier soupir, la contrition du trépassé. Il acquitta sans discuter toutes les dettes de son grand dépensier de fils. Dans son chagrin, il ne rechignait plus. Il fit verser les cent marcs. Libéra Guillaume. Il n'alla pas plus loin. Avec Baudoin de Béthune et Hue, le Maréchal dut se remettre à tournoyer.

Par bonheur il était croisé. Henri le Jeune, comme en ce temps tant de chevaliers, avait fait le vœu de partir dès qu'il le pourrait en pèlerinage à Jérusalem. Sur son lit de mort, dans la grande scène de l'agonie, alors qu'il disait son testament, il avait légué sa croix à Guillaume, le maître de la maisonnée, son substitut naturel, le chargeant de la « *porter au Saint-Sépulcre et d'acquitter sa dette à Dieu* ». Ce don fut reçu à grand honneur. La mission n'était pas déplaisante. Outre les bénéfices qu'elle vaudrait à l'âme et les plaisirs attendus d'une excursion lointaine, elle offrait l'occasion, en ces moments difficiles, de prendre du champ, de laisser le temps couler, de voir venir. Et dans les conditions les plus favorables. Selon les convenances, les croisés qui se préparaient au saint voyage étaient comblés de dons en argent, en chevaux, en équipements de toutes sortes. Ils apparaissaient comme les mandataires de tous ceux qui, pour l'instant, hésitaient à prendre une route aussi longue. Dans le temps qu'il gagnait à foison, Guillaume le Maréchal avait fait aux croisés grande largesse. A son tour, il recevait. Il fit préalablement une petite excursion en Angleterre : la coutume en telle occurrence imposait de dire adieu à ses « amis charnels »; il visita ses sœurs, ces femmes qu'il n'avait pas revues depuis tant d'années, à qui l'attachaient les souvenirs de la petite enfance et qui, pour lui, cadet sans héritier, représentaient tout son lignage. En les quittant, il leur légua le peu qu'il avait. En effet, qui partait pour la Terre sainte se dépouillait comme on doit le faire à l'approche de la mort. L'espoir des croisés n'était-il pas de gagner là-bas le plus beau trépas, le plus sûr, garant de toutes les indulgences; ne rêvaient-ils pas d'être, au terme de la pérégrination, ensevelis près des saints dans la vallée de Josaphat et d'occuper ainsi les premiers rangs dans la cohorte des futurs ressuscités? Guillaume peut-être attendait-il lui aussi telle récompense. Mais il avait maintenant de bonnes raisons d'espérer, s'il survivait, s'il revenait, de reprendre place au sein de la maisonnée royale, celle maintenant du vieux roi. Lorsqu'il s'était rendu auprès d'Henri Plantagenêt, requérant l'autorisation de partir, celui-ci l'avait pressé de ne point s'attarder : il avait besoin de lui. Tandis qu'il lui donnait cent livres de deniers d'Anjou en viatique, il lui prenait deux des chevaux que le Maréchal tenait d'autres donateurs. Ce serait, disait-il, les gages de son prompt retour.

*

Le biographe n'a rien retenu des souvenirs de cette croisade. Cette omission surprend. Jean d'Early, certes, le principal informateur, n'était pas encore au service du Maréchal. Mais ce dernier ne racontait-il pas ses exploits d'outre-mer comme il racontait ses tournois? Demeurait-il muet sur la superbe aventure? Pourquoi pas? Peut-être respectait-il ce précepte de la règle du Temple, dont il revint membre, interdisant toute vaine jactance. A moins qu'il ne faille, comme l'éditeur, se demander si la copie du manuscrit original est bien complète. Elle apprend seulement, en tout cas, que Guillaume passa deux ans en Syrie, qu'il fit autant là-bas en prouesses et largesse que d'autres en sept ans, qu'il servit le roi Guy de Jérusalem, gagna l'amour des templiers, des hospitaliers, de tous. On le vit reparaître en 1187, quelques mois avant que ne parvienne en Occident la nouvelle de la grande défaite de Hattin, que la Vraie Croix était perdue, de nouveau aux mains des infidèles, comme bientôt Jérusalem.

Le Maréchal s'était précipité au retour vers Henri II qui le « retint », comme il l'avait dit, parmi les chevaliers de son hôtel. Le vieux monarque déclinait, commençait à pourrir sur pied. Il se fiait aux Anglais pour tenir tête à l'insubordination dont ses domaines continentaux se trouvaient envahis. Guillaume s'établit parmi les « familiers » du roi. Cette position n'était pas sans péril : le patron, cela crevait les yeux, n'en avait plus pour longtemps. Son fils Richard, impatient de recueillir la succession, rageur, s'acharnait contre lui. Tout laissait craindre qu'il traitât durement les amis de son père. A vrai dire, le Maréchal n'avait guère le choix. Il commençait lui-même à se faire vieux. D'une dizaine d'années à peine un peu plus jeune qu'Henri II, il approchait de l'âge où les chevaliers, perclus, s'apprêtent à mourir. Plus question en tout cas de reprendre le tournoiement, de goûter à nouveau ses plaisirs, de profiter de ses gains faciles : dans l'émotion qui suivit la débâcle des Etats latins de Terre sainte, la chevalerie prêtait une oreille moins indocile aux injonctions de l'Eglise; les jeux militaires étaient suspendus en mesure de pénitence tandis que s'apprêtait une nouvelle expédition générale. Les guerres, certes, se poursuivaient. Guillaume les mena de son mieux, comme il savait le faire, au service de son nouveau seigneur. Il mit pour lui son corps en danger, affrontant la gent du roi de France à Montmirail, entre Châteaudun et Le Mans, et dans d'autres escarmouches, défendant le roi moribond contre les agressions ininterrompues de ses fils que Philippe Auguste, ouvertement ou non, excitait et soutenait.

Cependant, le Maréchal sentait dans ses membres le vieillissement et qu'il ne serait bientôt plus de grande utilité dans les armes, qu'on allait cesser de le tenir à gage, qu'il lui faudrait rejoindre, dans l'ennui de quelque commanderie du Temple, le groupe geignard des guerriers hors d'usage. Il lui paraissait urgent d'obtenir, pendant qu'il en était temps encore, qu'Henri II survivait, une récompense solide, l'assurant d'une position et de ressources stables pour le moment, proche, où son métier deviendrait trop pénible et ne rapporterait plus autant. Il demeurait pauvre. A son retour de croisade, son patron lui avait bien concédé un fief en Angleterre, la terre de Cartmel, en Lancashire, mais très modeste : trente-deux livres de revenu annuel, le prix seulement du cheval qu'il avait naguère acheté à la foire de Lagny. Or sa pauvreté tenait, comme il l'avait dit fort justement à Sancho, à ce qu'il était toujours « bachelier ». Ce qu'il souhaitait donc, à près de cinquante ans, c'était de

146

cesser de l'être, de recevoir enfin une épouse qui
fût riche héritière, de s'établir simultanément dans
son lit, dans sa maison, dans sa seigneurie. S'il avait
refusé quatre ans plus tôt la fille que lui proposait
Robert de Béthune, c'était peut-être qu'elle n'ap-
portait en « mariage » que des rentes, et non pas la
demeure et les pouvoirs seigneuriaux dont il rêvait
de devenir le maître. Il est plus probable, je l'ai dit,
qu'il se réservait. Il entendait être marié par le roi
d'Angleterre, l'un des deux, par le jeune qu'il servait, à défaut par son père. Car il était notoire que
le roi d'Angleterre pouvait puiser dans un abondant
vivier de femmes sans époux, et dont beaucoup
valaient très cher. La coutume alimentait constamment cette réserve. Elle autorisait le souverain à
donner en mariage les veuves et les orphelines de
ses vassaux décédés, à les distribuer judicieusement parmi les bacheliers qui s'attachaient à lui,
pour prix de leur bon service. C'est par là qu'il
gouvernait, qu'il tenait en bride, plus étroitement
que par tout autre artifice, les hauts hommes de
son royaume et les moindres. Nul en effet ne
pouvait désirer cadeau plus profitable : celui-ci
faisait d'un seul coup changer d' « état », passer de
la totale dépendance des cadets à la sécurité des
seniores.

Le roi consentit, lui donna la fille de son sénéchal, mort depuis trois ans sans héritier mâle, la
« *demoiselle de Lancastre* », de fort bon genre, et,
pour en jouir après les noces, son « *tènement* », le
fief que son père avait tenu de la couronne. Cette
femme n'était pas encore nubile. En attendant
qu'elle le devînt, elle fut confiée à son futur époux
qui « *la tint en grand honneur et la garda de déshon-
neur* » (ce qui veut dire qu'il se retint de prendre
aussitôt, comme beaucoup dans son cas s'abandon-

naient à le faire, son plaisir de la fillette) « *longtemps, comme sa chère amie* ». « Amie », mais non pas épouse. Car deux années plus tard, en mai 1189, se jugeant de plus en plus indispensable dans les combats très durs qui avaient repris dans le Maine, il demanda mieux et le reçut. Pour le satisfaire, Henri II, dont le mal s'aggravait, les bubons qui lui dévoraient l'entrecuisse devenant pustules, reprit ses cartes, les battit, les redistribua. Gilbert Fils Rainfroi, son nouveau sénéchal, obtint la « fille de Lancastre », se défaisant pour la saisir de l'héritière qu'il avait en main, laquelle passa à Renaud Fils Herbert; Baudoin de Béthune prenait, lui, l'héritière de Châteauroux, tandis que son vieil ami Guillaume se voyait accorder le morceau qu'il guignait : la « *pucelle de Striguil* ». Il touchait vraiment le gros lot. Helvis de Lancastre, ça n'était qu'un seul fief de chevalier; Isabelle de Striguil, soixante-cinq fiefs et demi : on mesure ici l'ascendant que le Maréchal avait pris en deux ans sur le roi qui tombait en ruine, et si vite, en vérité, qu'il fallait se hâter d'agripper ce qui tombait de ses mains. Malheureusement, Guillaume ne pouvait épouser sur-le-champ. La succulente héritière se trouvait pour lors en lieu sûr, à Londres, dans la tour, depuis treize ans que son père était décédé. On l'y tenait à l'abri des surprises. C'était un si précieux trésor que le roi ne se décidait pas à s'en séparer. Hubert Gauthier, alors clerc du grand justicier d'Angleterre, reçut bien l'ordre que la fille et la terre fussent livrées rapidement. Henri II mourut plus vite encore, le 6 juillet 1189.

Second coup, beaucoup plus dur que le premier, car de Richard Cœur de Lion, le nouveau roi, Guillaume s'était attiré la haine un mois plus tôt. Le vieux souverain, pourchassé par son fils et les chevaliers de France, se retirait de la cité du Mans en flammes. Grisé par la victoire, Richard, alors comte de Poitiers, saute sur son cheval, sans prendre le temps de revêtir une armure. Il n'a pas de heaume, un simple chapeau de fer, pas de haubert, un pourpoint de cuir. Le Maréchal a la charge de couvrir la retraite, comme son père jadis avait couvert celle de Mathilde, comme lui-même, à Lagny, avait protégé Henri le Jeune contre l'assaut de ceux qui s'apprêtaient à le capturer. Il se porte au-devant de l'agresseur, avec son épée et son épieu. Dialogue :

> « *Par les jambes Dieu, Maréchal,*
> *ne me tuez pas, ce serait mal.*
> *Je suis tout désarmé ainsi.* »
> *Et le Maréchal répondit :*
> « *Non. Que le diable vous occie*
> *car je ne vous occirai pas.* »

Il pourrait, c'est vrai, le faire : Richard n'est pas tout engoncé dans du métal. Il l'épargne, mais frappe le cheval de sa lance, le tue. Le comte tombe. « *Ce fut beau coup* », et qui sauva de la capture, ou de pire, ceux qui fuyaient en désarroi.

Tuer sous lui le cheval de l'héritier du trône, et faire mordre à celui-ci la poussière dans un tournoi, à plus forte raison dans les engagements plus âpres de la guerre, n'était pas sans conséquences, non plus que de l'envoyer se faire tuer par le diable. Car on prenait à l'époque de telles formules au mot, et ces mots-là détenaient une force terrible. Aussi, tandis qu'elle conduisait en cortège la dépouille du vieil Henri vers Fontevraud, toute la maisonnée du défunt s'interrogeait. On allait sous peu voir apparaître le roi nouveau qui s'avançait pour les funérailles : « *Le comte va venir; nous avons été pour son père, contre lui; il nous en aura contre cœur.* » A quoi les plus avisés répondaient : « *Le monde n'est pas à lui tout entier. Nous pourrons sortir de son emprise, et s'il nous convient de changer de seigneur, Dieu saura bien nous escorter. Quant à nous, nous ne craignons rien, mais nous craignons pour le Maréchal. Qu'il le sache, pourtant : tant que nous aurons des chevaux, des armes, des deniers, des parures, il en aura tant qu'il voudra.* » Et le Maréchal de dire : « *C'est vrai que j'ai tué le cheval, et je ne m'en repens pas. De vos offres, je vous dis merci, mais cela me coûterait de prendre du vôtre. Saurais-je vous le rendre? Dieu cependant m'a fait si grand bien depuis que je suis chevalier : je me confie en son bon vouloir.* » Confiance et foi. Au fond de lui-même, en vérité, le Maréchal se rongeait d'inquiétude. On savait Robert impulsif et rancunier. Sans doute un arrêt de mort de sa part paraissait-il peu probable dans le temps d'un joyeux avènement. Mais si jamais Guillaume sauvait sa peau, quelle chance avait-il maintenant de cueillir le fruit de son long service, le beau don du roi défunt? Cet eldorado de rêve? la « *pucelle de Striguil* », comment parviendrait-il à la saisir?

Entrée de Richard, impassible. A son paraître, nul ne peut déceler courroux, liesse, ni déconfort. Il s'arrête devant le corps, s'approche de la tête, demeure longtemps pensif. Il appelle alors, les seuls de tous ceux qui avaient tenu le parti de son père, le Maréchal et messire Maurice de Craon, et puis d'autres, ses propres amis : « *Sortons.* » Dehors, une petite assemblée se forme autour du prince, son premier conseil royal. Il parle, et ses premiers mots sont pour dire : « *Maréchal, l'autre* jour vous avez voulu m'occire, et je serais mort sans aucun doute si je n'avais détourné de mon bras votre lance. Ce fut pour vous mauvaise journée. – Sire, je n'ai jamais eu l'intention de vous tuer, ni ne m'appliquai à le faire. Je suis encore assez fort pour conduire une lance. Si je l'avais voulu, j'aurais frappé droit dans votre corps, comme je le fis dans celui du cheval. Si je l'ai tué, je ne le tiens pas à mal, ni ne m'en repens. – Maréchal, je vous pardonne. Jamais je n'en serai irrité contre vous. » Premier soulagement, capital : Guillaume ne sera pas puni dans son corps. Reste la « damiselle d'Estregoil ». Aussitôt, la question, mais c'est un autre qui la pose, un ami de Richard, le chancelier : « Sire, ne le prenez pas mal, je veux vous rappeler que le roi la donna au Maréchal. – Par les jambes Dieu, il ne le fit pas. Il promit seulement de le faire. Mais moi, je la lui donne, par grâce, la méchine. Avec le tènement. » C'est-à-dire l'essentiel. Tous l'en remercièrent. Le Maréchal n'osait y croire. Il l'avait échappé belle.

On le vit donc courir bride abattue prendre possession, épouser. Il était chargé, avec Gilbert Pipart, d'aller en Angleterre garder la terre de Richard et ses droits. En deux jours, ils traversèrent l'Anjou, le Maine et la Normandie, sautèrent dans un bateau à Dieppe; le pont s'effondra sous leur poids; Pipart, le bras cassé, resta sur la berge; Guillaume était lui aussi blessé à la jambe, il s'accrocha au bastingage, fonça à travers l'Angleterre, salua en passant, à Winchester, la vieille Aliénor que son veuvage avait libérée et qui rayonnait. Il est à Londres. Le grand justicier, gardien de la fille, fait d'abord la sourde oreille, marchande, la livre enfin, à son corps défendant. Guillaume prétend l'emporter tout de suite. Il brûle de consommer le mariage, mais il veut que les noces aient lieu chez elle, sur ses terres. Car cela compte. S'appropriant une héritière, le jeune marié s'établit, devient seigneur et maître, mais d'un patrimoine étranger, celui des aïeux de son épouse; il sait que les oncles, les cousins regimbent, et toute la mesnie de l'ancien patron, jaloux de voir un homme d'un autre sang, parce qu'il possède cette femme, dominer dans la maison. Il est donc prudent que la fête, le cérémonial public de l'accouplement soit célébré dans cette maison même. Comme une affirmation de bon droit. Et puis Guillaume, « pauvre bachelier », où trouverait-il, sinon dans le domaine de l'épouse, de quoi suffire aux munificences, aux amples déploiements de largesse nécessaires à toute solennité nuptiale? Toutefois, l'hôte qui l'a hébergé à Londres le presse de demeurer, le met à l'aise : il paiera tout. Guillaume cède, consent à copuler sur place. Encore lui faut-il un lit. Sire Enguerrand d'Abernon le lui prête, à quelque distance, à Stokes. Isabelle est dans ses bras. Il a presque cinquante ans. Il est enfin sorti de la jeunesse. Cette nuit-là, s'appliquant à déflorer la pucelle de Striguil, à l'engrosser, il a franchi le pas, s'est transporté du bon côté, celui des « seigneurs ». Sa fortune – il n'en faut pas plus –, sa très grande fortune est faite.

5

Richard, Fils Gilbert, de Clare, le père d'Isabelle, avait pris femme légitime en 1171; il était mort en 1176. En ce temps où la coutume obligeait d'attendre la douzième année pour conduire les filles dans le lit d'un époux, Isabelle était bien dans l'âge requis. Mais elle avait tout au plus dix-sept ans, plus jeune d'environ trente ans que son mari. Sur le déclin, celui-ci. Les chances de cette femme étaient donc grandes d'être bientôt veuve et fort convoitée, de retomber en cet état au pouvoir du marieur attitré, le roi, de servir une seconde fois de salaire somptueux pour de très valeureux services. Qui pouvait prévoir, le jour de ses noces, l'étonnante longévité de Guillaume et qu'elle allait vivre encore trente ans dans son ombre? Qu'il userait si longtemps de son corps, la besognant si hardiment qu'elle lui donnerait au moins dix enfants? Qu'il exploiterait pendant tant d'années les droits dont il devenait par son mariage le gestionnaire? Ces droits étaient immenses. Une seule héritière dans toute l'Angleterre était à l'époque plus riche qu'elle.

Les Clare possédaient depuis 1096 le château de Striguil sur la Severn, face à Bristol; ils tenaient aussi à proximité la forteresse de Goodrich; le chef de cette maison était comte de Pembroke. Il appartenait au petit groupe de ces barons qui couvraient les frontières du Pays de Galles, chargés de contenir les attaques qui sans cesse venaient de ce côté et dotés, pour mieux assumer cette tâche difficile, de pouvoirs exceptionnellement étendus. Le roi d'Angleterre, qui se réservait partout ailleurs les droits régaliens, les avait abandonnés à ces frontaliers. Le comte de Pembroke, comme les autres « palatins », détenait sur ces marches une puissance comparable à celle des grands feudataires du roi de France. De par son père, Isabelle prétendait en outre à l'héritage d'un grand lignage normand qui s'était éteint en 1164 : son trisaïeul, à la fin du XIe siècle, avait épousé une Giffard; elle ne put tout obtenir, dut partager avec un cousin, le comte de Hertford, mais le château d'Orbec, près de Lisieux, lui revint, et la moitié de Longueville : deux manoirs et le service de quarante-trois chevaliers. Une belle seigneurie : on le voit à la taxe de succession, deux mille marcs d'argent, que le roi exigea de Guillaume avant de l'autoriser à « relever », comme on disait, ce fief et à le tenir au nom de sa femme. Isabelle enfin, de par sa mère, possédait le quart de l'Irlande ou presque. En 1170, Henri Plantagenêt avait entrepris, depuis Pembroke justement, de conquérir l'île. Il avait envoyé dire à Rome que ce pays plongeait dans un insupportable désordre, que l'Eglise en souffrait durement. Par l'anneau d'or dont il l'investit, le pape avait chargé le roi de mener là-bas la guerre, une guerre presque sainte. Difficile, mais on pouvait tabler sur les perpétuelles et âpres querelles dressant les uns contre les autres les clans et leurs petits chefs qui se faisaient appeler rois. L'un d'entre eux, Dermot, roi de Leinster, pour l'emporter sur ses rivaux, fit alliance avec l'envahisseur,

donna sa fille à l'un des chefs anglais, Richard de
Clare, surnommé l'« arc vigoureux ». Celui-ci paci-
fia brutalement le royaume, en chassa les trublions,
il en fut bientôt le maître; Henri II ne le lui
abandonna pas tout entier, garda pour lui les ports,
Dublin, Waxford, Waterford. Mais Richard reçut en
fief tout l'intérieur autour du fort château de Kilkeny. La terre était rétive; les indigènes se rebif-
faient, dangereux presque autant que les Gallois; il
fallait donc, pour les mater, de fortes poignes, et
que le nouveau roi d'Irlande – en 1177, Henri II
avait fait élever son fils Jean Sans Terre à cette
dignité – concédât au sire de Leinster des prérogatives aussi vigoureuses que celles dont disposait en
Angleterre le comte de Pembroke. Du côté de
l'Irlande se trouvait sans conteste le plus éclatant
de ce dont Guillaume le Maréchal s'emparait en se
mariant. Sa femme était petite-fille de roi; elle s'en
glorifiait. La *Chanson de Dermot*, qui raconte la
conquête du Leinster et célèbre son père et son
grand-père, fut, peut-on penser, commandée par
elle, comme le fut plus tard par son fils, et dans le
même esprit de fierté familiale, l'histoire de son
époux. Ajoutons que le Leinster rapportait gros,
dix-sept mille livres par an au milieu du XIIIe siècle,
à la mort du dernier fils d'Isabelle : cinq cents fois
plus que Cartmel; disons, pour fixer les idées, la
valeur d'à peu près quatre cents destriers du plus
haut prix.

A vrai dire, bien qu'il eût accepté de donner
Isabelle avec son « tènement », Richard Cœur de
Lion conserva dans sa main une bonne part de
l'héritage. On voit comment le pouvoir du souverain de marier les filles et les veuves des grands
vassaux pouvait être si profitable. En maintenant
interminablement ces femmes sous sa garde, le roi

ne faisait pas que s'approprier durant ce temps, mis à part ce que le gardien à qui il les confiait conservait pour lui, les profits de leur patrimoine; lorsqu'il les cédait enfin à tel ou tel de ses amis, il barguignait, tenait à l'heureux bénéficiaire la dragée haute, tardait en particulier à délivrer les droits seigneuriaux majeurs, ceux qui limitaient sa souveraineté. Le don paraissait de tel prix au nouveau marié, qui jusqu'alors n'était rien, qu'il consentait sans trop broncher à de tels abrègements; ne disant mot pour l'instant, patientant, remerciant, mais espérant bien avec le temps – soutenu par des camarades qui viendraient témoigner de la coutume, jurer que de toute ancienneté ses prédécesseurs avaient fait ceci, cela –, saisir enfin l'entier du gâteau. Petite lutte sourde entre les parvenus par épousailles et la royauté qui travaillait obstinément à recouvrer un peu des droits régaliens que les nécessités de la défense avaient contraint jadis d'abandonner aux barons des bordures. Ainsi Guillaume attendit-il plus de dix ans avant de recevoir l'épée comtale pour Pembroke; en Leinster, il ne parvint jamais à s'approprier en totalité les droits de la haute puissance.

En 1189, après les noces, il jubilait pourtant. On le voit manifester en toute hâte sa reconnaissance à la Providence pour une faveur si merveilleuse, de l'avoir d'un coup fait si riche : sur la seule terre qui fût à lui, Cartmel, il fonde une communauté de religieux qui, perpétuellement, jour après jour, feront monter vers le Ciel, en son nom, les chants d'actions de grâce; il installe dans ce prieuré des chanoines réguliers et va les prendre – notons-le bien – à Bradenstokes, dans le sanctuaire lignager des aïeux de sa mère où bientôt son frère aîné choisira d'être enseveli. A peine est-il en possession d'une épouse qu'il se soucie – modestement encore, car sa brusque fortune l'intimide – d'aménager le lieu de prières où s'enracinera sa future lignée, sacrifiant allégrement pour cela le petit bien qu'il a déjà gagné par ses seules forces. Il n'en n'a cure. Du chef de sa femme, il est désormais mille fois mieux pourvu.

Sur cette femme, il veille comme sur le plus précieux trésor. Il apparaît qu'elle le suit partout. Le roi, son seigneur, lui commande-t-il de passer la mer, de l'accompagner en Normandie, il l'emmène. Tout le pouvoir qu'il prétend, à Longueville et autres lieux, détenir dans cette province émane de la personne, de la « tête » d'Isabelle; il est indispensable qu'on voie son épouse là-bas à ses côtés, que chacun de ses yeux reconnaisse qu'elle est à lui, qu'il partage sa couche, qu'ils ne font qu'une seule chair; qu'il faut par conséquent faire hommage à ce mari, former sa cour, se garder d'attenter à son honneur. Une semblable nécessité l'oblige à l'embarquer dans sa nef lorsqu'il gagne pour la première fois l'Irlande en 1207. Et quand il est presque aussitôt rappelé par Jean Sans Terre, qui pour lors le hait et dont il craint les embûches – les hommes de son conseil se méfient, persuadés que le roi le mande « *par engin, plus pour son mal que pour son bien* », et le disent très haut devant la comtesse éperdue –, il laisse celle-ci à Kilkeny, mais très fortement gardée. Il est venu avec dix chevaliers sûrs, il n'en retient qu'un seul pour l'escorter dans son voyage et charge Jean d'Early, Etienne d'Evreux son cousin et les sept autres de maintenir l'ordre en son absence, de brider les vassaux locaux, ces hommes de sac et de corde que la conquête coloniale a déversés sur le pays et dont il sait la turbulence. Il les a rassemblés tous avant de

partir dans la salle du château, il leur parle :
« *Seigneurs, voyez la comtesse que je conduis ici
devant vous par la main* (il montre, solidement tenu
dans son poing, ce corps où coule le sang porteur
de l'autorité qui pèse sur la seigneurie). *C'est votre
dame naturelle* (par naissance : elle est la fille du
comte précédent, la petite-fille de l'ancien roi) *qui
vous a investis de vos fiefs lorsqu'il eut conquis la
terre* (droit de conquête, devenu droit seigneurial
par la distribution et la concession de tenures
féodales). *Elle reste parmi vous, enceinte* (dans son
ventre gît peut-être le futur seigneur, plus assuré
que ne l'est Guillaume, puisqu'il ne dominera pas,
lui, par seul mariage, en prince consort, mais par
filiation et droit héritage); *jusqu'à tant que Dieu me
ramène, je vous prie tous de la garder bonnement et
naturellement, puisqu'elle est votre dame...* » En effet,
il tient tout ce qu'il a par elle, et l'on sent son
anxiété de devoir un moment la quitter des yeux.
Va-t-elle lui échapper, se trouvera-t-il de nouveau
les mains vides ? Qu'on l'environne étroitement,
qu'on prenne garde à ce que nul ne l'enlève. Qu'elle
n'aille pas non plus, si jeune encore, se dévergon-
der sournoisement, forniquer ici et là de manière si
ouverte qu'il soit contraint de se séparer d'elle. On
ne répudie pas l'opulence.

*

Opulence? Méfions-nous : s'agit-il bien de cela?
Ne raisonnons pas comme un banquier des temps
modernes. A la fin du XIIe siècle, l'argent compte et
beaucoup, je l'ai dit. Toutefois, la richesse, et que
les domaines rapportent tant de livres, de sous, de
deniers, a moins d'importance, infiniment, que le
pouvoir. Avant de prendre Isabelle dans ses bras, le

158

Maréchal n'était pas sans pouvoir. Il pesait, et d'un bon poids, d'abord par sa réputation, par son renom d'expertise militaire : il était certain que, dans l'infortune, partout, en Angleterre et sur le continent, des portes s'ouvriraient pour accueillir le héros fameux des plus beaux tournois de naguère, et qu'il trouverait toujours à s'employer au sein de fortes maisonnées. D'ailleurs, il pouvait dès lors compter sur l'amour privé de quelques hommes, d'amis très sûrs, fidèles compagnons de ses aventures, au premier rang Baudoin de Béthune; il entretenait enfin depuis quelque temps son propre « conroi », un petit groupe de familiers, jeunes hommes dévoués corps et âme, au premier rang son écuyer Jean d'Early. A l'avènement de Richard Cœur de Lion, on le devine intouchable : tous les fidèles du roi défunt protestent qu'ils le soutiendront, que, s'il le faut, ils se remettront pour lui en otages et, dans l'autre camp même, certains, qui le craignent pour les appuis qu'il détient et pour son entregent, parlent en sa faveur à leur seigneur; il y a tout ce qu'il connaît des déchirement internes de la maison royale, le mal qu'il sait et qu'il peut révéler à voix haute; entrent en jeu peut-être aussi les vieux souvenirs que l'on conserve dans le lignage Plantagenêt, qu'il fut vingt ans plus tôt en Poitou le vengeur d'Aliénor. Toujours est-il que Richard se voit forcé de comprimer sa rancune, doit s'empêcher de le tuer, de laver dans son sang le très récent affront, aller jusqu'à tenir les promesses de son père et, quoi qu'il en ait, lui donner femme, faire de lui, par l'octroi de ce don superbe, ce que Guillaume n'avait jamais été qu'un moment, et en sous-ordre, lorsqu'il servait Henri, le jeune roi : un chef de mesnie, un chef de ménage, un manager.

Par ce geste Richard l'enrichit, certes, mais surtout il le transforme; il le fait changer d'échelon au sein de la hiérarchie des conditions sociales; il le hausse au rang de ceux dont la puissance est active et stable. Car, en ce temps, le seul vrai pouvoir appartient aux hommes mariés. L'homme a mille fois plus de valeur que la femme, mais il n'en a presque pas s'il ne possède pas lui-même une femme, légitime, dans son lit, au cœur de sa propre maison. L'habitude, qui dure encore, de refuser le mariage à la plupart des garçons nobles vise avant tout à éviter les partages successoraux, mais elle a cet avantage supplémentaire de réserver à quelques-uns seulement des guerriers les attributs de l'autorité véritable et de leur subordonner tous les autres. En effet, que possédaient donc les « bacheliers » de plus que les bâtards? Des droits sur l'héritage ancestral. Mais ces droits demeuraient virtuels et presque tous, leur vie durant, ne les exerçaient jamais eux-mêmes, réclamant seulement d'être entretenus dans un état digne de leur rang par l'homme marié qui dirigeait le lignage, leur père, leur frère aîné, ou bien, lorsqu'ils vieillissaient, l'aîné de leurs neveux. Par sa condition même, un bachelier était toujours « pauvre », pauvreté signifiant en ce temps, ne l'oublions pas, non pas dénuement mais impuissance. Lorsqu'il était adolescent, le fils de chevalier voyait devant lui sa vie scandée en trois séquences par deux cérémonies majeures, deux journées, deux grandes fêtes, puisque la communauté célébrait l'un et l'autre de ces passages par des jeux, des rires et la destruction allègre des richesses. S'il atteignait plus de vingt ans, s'il avait la chance de n'être pas terrassé avant par l'un de ces accidents très fréquents dans l'apprentissage militaire, il était assuré de vivre la première de ces journées, celle qui, pour tous les garçons bien nés que l'on n'avait pas décidé de fourrer dans l'Eglise, manifestait l'achèvement de leurs « enfances » et leur admission dans le groupe des guerriers : c'était le jour de l'adoubement. Ils recevaient l'épée, cet insigne du pouvoir de combattre, d'user légitimement de la force qui les élevait au-dessus des immatures et de tous les vilains. Le second jour, quant à lui, n'était qu'un rêve, et pour la plupart chimérique. Ce jour-là, celui des noces, le guerrier franchissait le pas décisif. Il pénétrait dans le cercle beaucoup plus étroit de ceux qui réellement dominaient. Voilà ce qu'il advint au Maréchal en 1189. Risquons le mot : un changement de classe. Il l'espérait depuis un quart de siècle.

*

Parmi ses rares mérites, le texte dont je me sers offre celui de placer en vive lumière le jeu des pouvoirs à cet étage supérieur de la société que l'on dit féodale. Cette société, on le sait, les hommes de réflexion la pensaient, à la fin du XIIᵉ siècle, comme ils pensaient l'ensemble de l'univers visible et invisible. Cimentée par ce que les clercs nommaient la *caritas*, et le langage des cours l' « amitié », soutenue par la « foi », autre mot clé évoquant une combinaison de confiance et de fidélité. Sur ce rapport affectif, générateur de devoir et de droits, reposait la cohésion d'un édifice hiérarchisé, fait de feuillets qui se superposaient; tout se trouvait en ordre, conformément aux intentions de Dieu, lorsque les hommes (personne ne prêtait attention particulière aux femmes, lesquelles constituaient un autre genre, par définition soumis), établis à tel ou tel niveau, vivaient ensemble dans la concorde, servaient fidèlement, loyalement, ceux qui les surplombaient immédiatement, et recevaient service convenable de ceux qui leur étaient immédiatement inférieurs. L'ordre apparaissait ainsi construit sur les notions conjuguées d'inégalité, de service et de loyauté. S'il établissait en bloc au-dessus de tous les autres laïcs cette part de la société formée par les gentilshommes, il ménageait au sein de cette classe dominante des stratifications multiples, déterminées simultanément par des rapports de domesticité qui assuraient l'autorité du chef de famille sur tous les gens de sa maison, par les rapports de parenté qui subordonnaient les cadets aux aînés et la génération des jeunes à celle des anciens, par les rapports de vassalité établissant le seigneur au-dessus de qui lui avait fait hommage, par les rapports politiques enfin, plaqués sur la hiérarchie des hommages, cette pyramide dont les simples chevaliers formaient la base, le roi le sommet, et les barons le niveau médian. Ces différents systèmes de dépendance interféraient souvent, leurs dispositions se contrariaient parfois, mais toujours l'amitié qui obligeait – plus ou moins rigoureusement selon la proximité des hommes et la qualité du rapport – au service mutuel, à s'aider, à se conseiller, se déployait sur deux axes perpendiculaires : horizontalement, elle maintenait la paix entre des pairs; verticalement, elle astreignait à révérence au-dessus de soi, à bienveillance au-dessous. De ce complexe quadrillage, l'histoire du Maréchal, dans la dernière époque de sa vie, procure l'une des meilleures vues que je connaisse.

Son mariage, le tirant hors de ce degré déprimé, subalterne où le retenait le célibat, a modifié fondamentalement sa position sur le damier des ami-

162

tiés et des services. Il avait déjà sa « gent », une valetaille, mais petite, quelques servants, comme autour de tous les hommes de guerre arrivés. Le voici maintenant patron, et lorsque, cinq ans plus tard, son frère aîné Jean meurt sans enfant, cette fonction de patronage prend plus d'ampleur, non seulement parce qu'il devient l'héritier des terres du lignage – une dizaine de manoirs à peine – mais parce qu'il prend désormais la tête de ce lignage. Il lui appartient d'en nourrir les jeunes, de les éduquer, de les récompenser, de les caser : de même qu'il s'était lui-même attaché à Guillaume de Tancarville, puis à Patrice de Salisbury, ces garçons le suivent comme son ombre, tel Jean, le fils de son frère Anseau, qui l'aime autant qu'il aima Guillaume et Patrice. C'est à l'égard de ces bacheliers qu'il est le plus attentif, le plus généreux, et d'eux lui viennent en retour les dévouements les plus fervents sur lesquels il puisse se reposer. Ils constituent le noyau dur de sa maisonnée. Celle-ci a pris brusquement du corps et de l'organisation : quand, le 12 mai 1194, il s'embarque pour la Normandie, on voit auprès de lui des chefs de services domestiques, un chambellan, un chapelain qu'assistent trois clercs pour les écritures, et deux navires sont nécessaires pour contenir tous les chevaliers de sa suite.

En effet, des vassaux nombreux se rassemblent maintenant autour de sa personne. Après 1189, la nouveauté pour lui fut, visitant successivement les domaines de son épouse, seul assis dans la salle, de voir des guerriers s'approcher les uns derrière les autres, s'agenouiller devant lui les mains jointes, de prendre ces mains dans les siennes, de relever celui qui par ces gestes est ainsi devenu son homme, de le baiser sur la bouche, de l'entendre jurer sa foi. Il attend désormais des services de tous ceux qui se sont prêtés à de tels rites, qu'ils soient fidèles, qu'ils forment sa cour, qu'ils l'aident à rendre justice, acceptent ses arbitrages, accourent lorsqu'il lève la bannière de la seigneurie, à Longueville ou bien à Striguil, ou encore à Kilkeny. Ces amitiés-ci sont souvent de moins bonne trempe. Du moins, nouées en gerbe autour de chacune des forteresses dont il est maître au nom de son épouse, font-elles de lui l'égal des « hauts hommes » qui jadis, lorsqu'il revenait fourbu, éclopé, glorieux, superbe, du champ des grands tournois, lui promettaient pour se l'attacher monts et merveilles. Et lui qui n'osait pas accepter que le comte de Ponthieu le traitât en égal, il se sait aujourd'hui installé légitimement à ce même niveau de puissance.

Dès qu'il a fait sa femme de la pucelle Isabelle, il est monté d'un cran dans l'échelle des dignités : de simple chevalier qu'il était, il s'est élevé au grade supérieur, il est entré dans le baronnage royal. Celui d'Angleterre est ouvert et relativement fluide : le renouvelle plus vite que sur le continent cet emploi, précisément, que le roi fait des héritières. Il s'agit donc moins pour Guillaume de se faire admettre comme leur pair par les barons, dont beaucoup sont comme lui des parvenus, que d'étendre des amitiés parmi eux, de gagner des appuis, de se garantir surtout. Car, dans ce milieu restreint, les jalousies, les rivalités pour les profits du pouvoir sont ardentes, aussi brutales et plus dangereuses qu'elles ne se déploient, au plan inférieur, parmi le groupe des « jeunes » qui se disputent les largesses d'un patron. A cette fin, il utilise les enfants que sa femme met régulièrement au monde. En les mariant. Sa politique est celle de tous les chefs de lignage. Ceux-ci veillent à ce que les garçons de la maison demeurent simples chevaliers, et ils ne cherchent généralement une épouse que pour un seul, l'aîné de leurs fils, qui leur succédera. Ce dont s'occupe le Maréchal pour son premier-né, et très tôt. En 1203 – Guillaume le Jeune n'a pas douze ans – il traite avec Baudoin de Béthune, le vieux camarade dont l'amitié, la complicité d'aventure ne lui avaient jamais fait défaut. Baudoin avait été lui aussi marié par Richard Cœur de Lion, quelques années après le Maréchal. Il attendait l'héritière de Châteauroux que le roi Henri lui avait promise. Or Richard, de son côté, avait précédemment donné cette fille à André de Chauvigny, l'un de ses propres fidèles. Devenu roi, il chercha de quoi bien dédommager, pour se l'attacher dès lors personnellement, ce bachelier vieillissant dont il connaissait la valeur et qui lui serait fort utile : la femme que Baudoin reçut en compensation fit de lui un comte d'Aumale. Elle se révéla moins fertile que ne fut l'héritière de Striguil et ne lui donna qu'une fille. Celle-ci, du moins, puisque son père « *n'avait pas d'enfant fors la donzelle* », était un joli parti. Les deux compagnons s'entr'aimaient, ils parlèrent ensemble, s'accordèrent sur le mariage. Baudoin donnerait en cadeau d'épousailles toute sa terre en Angleterre et ailleurs, si le roi (le marieur éventuel en cas de mort de son vassal, et qui gardait l'œil attentif sur l'ensemble du marché matrimonial) l'octroyait. Tous les amis de Guillaume et de Baudoin approuvaient l'union. Bons connaisseurs en chevaux, ils appréciaient le pedigree : le jeune étalon, la pouliche, convenaient-ils, sortaient l'un et l'autre « *de bon père et de vaillante mère* »; on pouvait être assuré qu'il sortirait d'eux de bons fruits. Le Maréchal et son ami tenaient fort à cette alliance. Ils s'entendirent pour que, si par malheur l'enfant (elle avait moins de sept ans) mourait, le jeune Guillaume reçût la sœur que Dieu permettrait peut-être à Baudoin de procréer plus tard, car sa femme était jeune, et si la mort frappait d'abord Guillaume le Jeune, qu'à son frère cadet Richard échouât la promise, avec son « *mariage* » bien sûr, c'est-à-dire sa dotation. Accordailles très précoces comme c'était alors la coutume. Les noces n'eurent lieu qu'onze ans plus tard.

A vrai dire, entre le comte de Pembroke et celui d'Aumale, le pacte ne créait pas l'amitié, il en découlait. Pour se faire de nouveaux amis dans son parage, ce furent ses filles que le Maréchal distribua. Elles servaient à cela dans les familles. On les implantait dans d'autres maisons pour consolider la paix, pour que d'elles naquissent des neveux qui aimeraient le frère de leur mère plus que leur père et qui plus tard, peut-être, hésiteraient à porter trop graves dommages à leurs cousins. Guillaume s'appliqua donc à trouver preneurs pour les siennes. Une seule, on l'a vu, lui restait sur les bras lorsqu'il mourut. Les trois aînées avaient été, dit le texte, « *bien employées* ». Elles furent livrées à trois fils de comtes. Guillaume avait donné Maheut, la première, « *au meilleur et au plus beau qu'il sût* », Hugues Bigot, futur comte de Norfolk; la troisième, Sybille, au futur comte de Derby; la seconde, Isabelle, à Gilbert de Clare. Celui-ci avait l'avantage d'être comte de Hertford par son père, comte de Gloucester par sa mère, de plus cousin de sa future épouse et cette alliance – laquelle, notons-le, faisait fi des menaces que, du bout des lèvres, l'Eglise lançait contre les incestueux – devait favoriser le rassemblement d'héritages démembrés. La quatrième eut moins bon lot; lorsque l'on a tant de filles, on ne peut, pour les dernières, montrer trop d'exigences : un bon ami du Maréchal, le seigneur de Briouze, qui se trouvait alors dans l'infortune, accepta de prendre Eve pour l'un de ses petits-fils.

Pourvu déjà sur ses flancs d'indispensables accointances qui s'étaient resserrées durant sa longue vie d'errance, mais envié et haï par quelques chefs de clan, Guillaume était ainsi parvenu, cédant ses filles (mais à quel prix ? prélevant quoi sur le patrimoine pour constituer leur « mariage » ?), à s'assurer au moins de neutres connivences dans quatre des maisons aussi puissantes qu'était la sienne. Voici pour l'amitié au plan horizontal. Sur l'axe vertical, il dominait totalement sa femme, livrée à lui sans proche parent qui la défende, et leurs enfants. Il tenait sous sa très forte emprise les jeunes et les moins jeunes qu'il nourrissait chez lui. Il comptait, sans en être tout à fait sûr, sur le service d'une quantité de chevaliers fieffés. Cependant, sur cet axe, il se trouvait lui-même en position médiane. Pour les terres dont il avait pris possession par son mariage, qui n'étaient pas des alleux mais des tenures féodales, il avait dû, après ses noces, prêter hommage, s'agenouiller. Devant plusieurs. Mais d'abord devant son roi. Jusqu'à quel point, de quelle manière se sentait-il soumis ? Et qu'était à ce niveau la loyauté ?

La chanson à ce propos apprend beaucoup. C'est pour cela que maintenant je l'interroge, laissant de côté tout ce qu'elle dit des événements, qui est considérable et qui, passé 1189, forme presque toute la matière de l'ouvrage, car depuis qu'il était baron, le comte Maréchal se trouvait très étroitement mêlé à la grande politique. Mais, pour cette raison même, ce que rapporte à ce propos le biographe, et qui fréquemment s'écarte des relations ordinaires, est depuis longtemps passé dans les bonnes histoires à l'ancienne, principalement événementielles, celles d'Angleterre, et dans celles de la France aussi, pour tout ce qui conjoint à l'époque le destin des Plantagenêt et celui des Capétiens. Je renvoie donc à ces histoires, et d'abord à celle que Lavisse dirigea au début de ce siècle. Mais je retiens précieusement les indices qui permettent de mieux entrevoir comment se situait le pouvoir royal au sein du système féodal.

*

Face aux deux premiers rois qu'il servit, Henri le Vieux, Henri le Jeune, l'*Histoire* montre Guillaume en posture de vénération fidèle. Il a fait partie de leur « famille », de leur maison; ils ont été pour lui comme des pères, mieux – car le lien était beaucoup plus serré –, comme des oncles maternels. Que ces sortes d'oncles fussent aussi des rois n'ajoutait qu'un peu de fierté à celui qui, de toute manière, les eût servis comme un neveu. L'affection que le Maréchal portait naturellement à ces deux souverains, les obligations qu'il se reconnaissait alors envers eux, procédaient, dans cette période de sa vie, de la plus étroite, de la plus intime des relations de dépendance, la domestique, auprès de quoi le rapport du sujet à son roi apparaît formel, froid, sans vigueur, sans presque d'effets. Marié, il n'est plus le familier de personne, il ne figure pas parmi les privés de Richard Cœur de Lion, de Jean Sans Terre. Ce qu'il leur doit est d'ordre public. Il s'en acquitte mais sans chaleur. De Richard, l'*Histoire* fait l'éloge, mais rapide : héros de chevalerie, il a, par l'élan de sa vaillance, entraîné les Normands et les Anglais, jusqu'ici constamment battus,

168

à faire fuir devant eux la cavalerie de France. L'*Histoire*, en revanche, est muette quant aux vertus, douteuses, de Jean Sans Terre, et laisse entendre à chaque détour que Guillaume ne l'aimait guère; elle se retient d'aller plus loin; elle ne souffle mot d'Arthur de Bretagne dont tout le monde était persuadé que son oncle, le roi, l'avait tué de ses mains. La loyauté imposait cette discrétion. Remarquons cependant que ce n'est pas au sujet qu'elle l'imposait, mais au bon vassal, lequel avait juré, lors de la cérémonie d'hommage, de ne jamais attenter à l'honneur de son seigneur. Car on voit clairement par le récit que j'utilise que le Maréchal traitait le Plantagenêt comme il traitait les barons ses pairs, sur le même pied, en puissance rivale et non point dominante, sinon par les conséquences du lien vassalique.

Le biographe de Guillaume, dont le regard sur le monde est si profane, ne fait jamais la moindre allusion à ce pouvoir supplémentaire, surnaturel, éventuellement miraculeux, dont les liturgies du sacre imprégnaient la personne royale, la dégageant du réseau féodal, la hissant en position intermédiaire entre les hommes et Dieu. Nulle aura autour de ces rois; rien ne les distingue dans le quotidien de la vie des plus puissants de leurs sujets. Guillaume, « *qui eut le cœur entier et pur* », les a servis de bonne foi. « *Comme seigneurs et comme rois* », dit expressément le texte. De fait, s'il les servit bien, c'était qu'il leur avait fait hommage. Mais il avait fait hommage à d'autres, et lorsque ses obligations envers ces autres seigneurs allaient à l'encontre de celles du sujet, il n'hésitait pas; modèle de loyauté, le Maréchal refusait au roi son service pour servir d'abord celui dont il était l'homme, et pour cela l'ami. De toutes les morales dont il respecta les règles, la plus astreignante après la domestique fut la vassalique. Privée elle aussi, l'emportant toujours sur la morale publique. Le roi avait beau se présenter couronne en tête dans les grandes fêtes de Pâques et de Noël en représentant de Dieu sur la terre, chargé de maintenir la société des hommes dans ces ordonnances qui régissent aussi les étoiles, finalement, c'était lui le dernier servi.

Quelques mois après son avènement, Richard était parti à la croisade, entraînant une grande part de son baronnage. Guillaume ne l'avait pas suivi : « *il avait déjà fait le pas que l'on fait vers la Terre sainte pour aller quérir la merci Dieu* ». Fidèle sujet, fidèle vassal, vassal du roi. Mais pour les biens dont Isabelle était héritière dans l'île, vassal aussi du roi d'Irlande. C'était Jean, frère de Richard. Celui-ci avait quelque temps rechigné à recevoir l'hommage du Maréchal : tandis que l'orpheline était sous la garde royale, il en avait pris les terres irlandaises dans ses mains, s'en servant comme de son patrimoine, les concédant en fiefs à ses propres amis. Le roi dut se fâcher, dire, « *par les jambes Dieu* », qu'il le voulait, et Jean finit par obéir à son frère aîné. Maintenant que celui-ci était en Syrie, Jean s'agitait, prenait en Angleterre tout ce qu'il pouvait prendre, comptant justement sur ses « amis », ses vassaux, donc sur Guillaume, utilisant cet hommage qu'il avait d'abord refusé, le tenant par ses fiefs d'Irlande, exigeant de lui le service. Guillaume servit-il ce seigneur très présent, capable de punir ses feudataires félons, mieux que l'autre qu'on ne voyait plus, et qui peut-être ne reviendrait jamais ? On l'en accusa. L'*Histoire* prétend que le roi lointain ne voulut pas à son retour croire les médisants, rétorquant que « *le Maréchal ne fut jamais mauvais*

ni faux ». Voire. Si Guillaume s'était cru si nettement disculpé, aurait-il, négligeant de conduire la
dépouille funèbre de son frère aîné jusqu'à sa
sépulture, galopé si vite au-devant de Richard en
1194, dès qu'il apprit que le souverain était rentré
et s'occupait de châtier les traîtres ? Il protesta de
sa fidélité, se fit, semble-t-il, entendre, mais sans
briser pour autant avec Jean que Richard déshéri-
tait pour s'être allié à Philippe Auguste. Lorsque
Richard somma les vassaux de son frère de rompre
avec celui-ci, de reprendre directement de lui leurs
fiefs, beaucoup consentirent. Guillaume dit non,
jura qu'il ne le ferait pas. Résistant au nom de la
loyauté double. Et sans crainte, affirmait-il, parce
qu'il avait de bonne foi servi, pour le fief qu'il tenait
de chacun d'eux, ses deux seigneurs à parité, ne
jugeant point que, sous prétexte de royauté, l'un
prît le pas sur l'autre. Le roi céda, il avait alors
besoin de tous ses hommes, de leur aide, de leur
conseil. Pouvait-il, au nom d'une conception de la
souveraineté étrangère aux manières de penser de
ses chevaliers, exiger d'eux qu'ils faillissent à des
amitiés nouées par des engagements pris lors de
l'hommage, sapant ainsi le système de valeurs vassalique ? Sur ce système, sur un semblable réseau
d'amitiés se fondait tout son pouvoir. Guillaume,
parce qu'il était son vassal et son ami, servit
Richard de son mieux dans les guerres contre les
Français, au péril de sa vie, comme un jeune, allant
jusqu'à se risquer, quinquagénaire et déjà gêné
dans les jointures, à escalader tout armé les fossés
du château de Milly assiégé. Mais il servit dans les
strictes limites des obligations féodales, tenu par
d'autres de même nature. Se gardant de rien faire
qui nuisît à Jean. Et ce fut vers celui-ci qu'il se
tourna comme vers son naturel seigneur lorsqu'il

apprit, le 10 avril 1199, veille des Rameaux, que le roi était mort de ses blessures.

Il est alors dans la tour de Rouen. C'est le soir. Il va se coucher. On en est à lui ôter ses chausses. Il les renfile aussitôt, se précipite par-delà la Seine à Notre-Dame-du-Pré où s'endort l'archevêque de Canterbury. Pleurs et colère : « *Prouesse est morte. Qui donc après Richard pourra défendre le royaume? Les Français vont nous courir sus, pour avoir tout et pour tout prendre. Hâtons-nous de choisir celui que nous devons faire roi.* » L'archevêque penche pour Arthur, le fils de Geoffroy de Bretagne, frère cadet du roi défunt. « *Ce serait mal,* lui dit Guillaume. *Arthur est en félon conseil* (de fait, il se trouvait alors sous la garde de Philippe Auguste), *ombrageux, orgueilleux; si nous l'élevons au-dessus de nous, il nous causera mal et ennui; il n'aime pas ceux du pays. Mais voyez le comte Jean. Ma conscience et mon savoir me le montrent comme le plus proche héritier de la terre de son père et de son frère. De son père, il est plus près que ne l'est le petit-fils.* » Jean fut roi, apprécia le service rendu, remit à Guillaume ce que Richard Cœur de Lion, pour le maintenir en haleine, avait différé de lui remettre, tout ce à quoi il avait droit par héritage et par mariage, la dignité de maréchal et surtout l'épée de comte de Pembroke.

Tout se passa on ne peut mieux, jusqu'au moment où Guillaume se trouva pris de nouveau entre deux seigneurs dont les intérêts se contrariaient. Il fit en effet hommage à un autre roi, celui de France. Obligé, par les devoirs de famille. Jean Sans Terre, vaincu par Philippe Auguste, abandonnait la Normandie. Guillaume pouvait-il perdre Longueville et les autres terres normandes? Il se devait de les conserver à sa femme, à ses fils, à son

172

lignage. En mai 1204, le roi le chargea avec Robert d'Estouteville, comte de Leicester, mais aussi comte de Passy-sur-Eure, d'une ambassade auprès du Capétien, qu'ils rencontrèrent à l'abbaye du Bec. Ils parlèrent avec le roi Philippe de la paix, ils parlèrent de leurs terres normandes, et finalement s'accordèrent. Guillaume et Robert payèrent tout de suite chacun cinq cents marcs d'argent : ils viendraient s'agenouiller devant le roi de France et recevoir de lui leurs fiefs, si, dans un an et un jour, Jean n'était pas parvenu à reconquérir la province. Aussi quand, onze mois plus tard, Jean Sans Peur dépêcha de nouveau Guillaume de l'autre côté de la Manche pour de ces pourparlers de paix sans cesse repris, il l'avait autorisé, dit l'*Histoire*, pour n'être pas dépossédé, à prêter ledit hommage, ne voulant pas, assurait-il, que Guillaume n'eût de quoi le servir, « *sachant bien que plus il aurait, mieux il le servirait* ».

Le récit ajoute cependant que Jean prétendit ensuite n'avoir jamais rien permis, harcela Guillaume dès son retour. S'apprêtant lui-même à passer la mer, il le somma de l'accompagner, solennellement, devant l'armée rassemblée, exigeant de lui contre le roi de France l'aide que, selon la coutume féodale, tout vassal doit à son seigneur partant recouvrer son héritage : « *Ah, sire, par la merci Dieu, ce serait mal si j'y allais alors que je suis son homme. – Vous entendez, seigneurs : il ne pourra s'en dédire. L'ouvrage, vous le voyez, laidement se découvre. Par les dents Dieu, je veux jugement de mes barons.* » Guillaume ne se dérobe pas, se lève, porte le doigt à son front : « *Seigneurs, regardez-moi, car par la foi que je vous dois je serai aujourd'hui pour vous exemple et miroir. Faites bien attention au roi : ce qu'il pense faire de moi, il le fera à chacun de vous,*

et davantage s'il le peut. » Les barons s'entre-regar-
dent; ils se retirent, s'éloignent à la fois du roi et de
Guillaume. L'un et l'autre, face à face, ne sont plus
entourés que de leurs familiers. Du côté de Guillaume, Jean d'Early et Henri Fils Gérout, les deux
amis de cœur qui se tiendront au plus près de lui
tout au long de son agonie; du côté du roi, ses
« *bacheliers* », les jeunes gens qu'il entretient, qui
rivalisent de dévouement pour gagner son amour
et les cadeaux qu'il distribue, les héritières. Les
astreintes qui obligent à conseiller ont craqué.
Celles, publiques, des barons à l'égard de leur roi,
celles, privées et pourtant fermes, des vassaux à
l'égard de leur seigneur lorsque celui-ci les appelle
à débattre d'une telle accusation de félonie. Seuls
ont tenu les liens domestiques, plus étroitement
noués que ceux mêmes qui unissent les fils à leur
père.

Les bacheliers soutiennent le point de vue de
leur nourricier, conseillent de confisquer les fiefs
du Maréchal, ne voyant pas, dit leur porte-parole,
« *pour quelle raison un homme tiendrait sa terre s'il
fait défaut à son seigneur dans le besoin* ». Seuls des
barons, Baudoin de Béthune défend le Maréchal.
Mais c'est encore ici l'amitié la plus solide qui entre
en jeu, la camaraderie de combat, et peut-être bien
davantage si, lisant entre les lignes, on soupçonne
que s'y mêle, soigneusement tu, cet amour que se
portent les hommes entre eux dans les escouades
cavalières. « *Taisez-vous, ce n'est ni à vous ni à moi
de juger en cour un chevalier de la qualité du
Maréchal.* » Le roi n'insiste pas, dit : « *Allons à
table* », réfléchit après le repas comment se venger,
cherche quelqu'un qui défierait le Maréchal, le
contraindrait à combattre en champ clos pour
défendre son droit, le vaincrait peut-être. Ne trouve

personne qui l'ose : faiblesse du pouvoir féodal; faiblesse, nullité même du pouvoir royal. Impuissance. Le souverain ne peut faire mieux que masquer sa colère, faire bon visage. Du moins, usant de la coutume féodale, et c'est son seul recours, obtient-il une garantie, que lui soit remis en otage le fils aîné de celui dont il se défie, qui ne l'a pas vraiment trahi, qu'il traite maintenant toutefois en ennemi, parce que, partageant sa fidélité par respect de la morale lignagère, il est devenu, bien que demeurant son ami, l'ami aussi de son ennemi. A cela servent les fils, nous le savons depuis la jeunesse du Maréchal. Et, jusqu'à la fin, ce n'est pas sur son autorité souveraine, ce n'est pas sur la menace de confisquer le fief de Guillaume pour félonie jugée en cour féodale, c'est sur les fils de son vassal, retenus captifs en caution auprès de lui, dans ses châteaux, à portée de sa main (cette main qui, répétait-on, avait étranglé Arthur de Bretagne) et sur d'autres hommes, les plus proches, les plus aimés de celui-ci, que Jean Sans Terre, roi d'Angleterre, comptera pour empêcher son sujet, son homme, de lui nuire.

Car désormais, entre le roi et son grand baron, sous l'apparence de l'amitié, gisent la rancune et la méfiance. Guillaume sent pour cela la nécessité de prendre ses distances. Lorsque Jean revient en Angleterre, l'an suivant, à la Saint-Michel, le Maréchal lui demande congé d'aller visiter sa terre, en Irlande : il ne l'a encore jamais vue. Retrait en ce pays lointain, cette colonie sauvage, insoumise, et volonté de s'accrocher là-bas au plus rude, au plus solide. Le roi consent, puis se croit « engigné », floué, se ravise, affirme qu'il n'a rien promis, envoie un message à Striguil : le Maréchal est sur le point de s'embarquer. Il veut le second fils en supplément d'otage. « *Lavez vos mains, allez manger*, dit Guillaume au porteur de l'injonction, *je veux prendre conseil de ma gent et de mes barons* » (car l'affaire, en effet, le destin des héritiers de leur seigneur, concerne ces derniers autant ou presque que les parents). La plupart sont d'avis de refuser. Guillaume cependant accepte, par loyauté : « *S'il le veut, je lui enverrai tous les enfants que j'ai* », mais j'irai, « *soit bien, soit mal, en Irlande.* » Il s'en va et, presque aussitôt, la crise éclate à propos d'un parent, justement, par alliance, du Maréchal, dont il est aussi le vassal pour quelques terres, Guillaume, sire de Briouze en Normandie, mais baron lui aussi des lisières galloises.

Le roi Jean, aux abois – le pape a lancé l'interdit sur l'Angleterre –, exige des otages de tout le monde. Briouze, refusant d'abandonner ses fils à l'assassin d'Arthur, s'est enfui avec les siens; le Maréchal l'accueille, respectueux des devoirs de parenté, de fidélité, et l'héberge à Kilkeny. Sommé de le livrer aux mandataires du roi, Guillaume le fait conduire ailleurs, en lieu sûr. A la poursuite de l'indocile, Jean Sans Terre vient camper chez Guillaume, puis l'« *inculpe* » devant les barons du pays rassemblés à Dublin. « *Oui*, se défend Guillaume, *j'ai logé mon seigneur quand, à grand-peine et à douleur, il arriva sous mon château. Vous ne devez pas le prendre mal. Je ne croyais en rien méfaire, car il était mon ami et mon sire. Je n'avais pas entendu dire que vous fussiez mal avec lui. Vous sembliez très bien ensemble tous les deux, lorsque je quittai l'Angleterre.* » Il se dit prêt au duel judiciaire. Mais, cette fois encore, on ne trouve aucun champion qui se lève. Même impuissance du souverain, du seigneur féodal, réduit à réclamer des otages encore. « *Vous avez déjà mes fils et tous mes châteaux d'Angleterre.*

Si vous voulez encore châteaux et forteresses, je vous les baillerai, et les fils de mes vassaux. » Jean délibère avec ses familiers, « *dans sa chambre* », en privé, réclame Jean d'Early et quatre autres chevaliers, les plus fidèles des « jeunes » du Maréchal.

Celui-ci avait le pouvoir de disposer lui-même de ses fils. Il ne le peut de ces hommes-ci; ils lui appartiennent certes, mais non point totalement. Il faut qu'ils donnent leur accord, et Jean d'Early au nom de tous : « *Je suis l'homme du roi et le vôtre. Si messire le roi l'octroie, je me mettrai volontiers en otage.* » Par bonne amitié, toujours : « *il n'est pas d'ami entier qui fasse défaut à son seigneur dans le besoin* ». Jean Sans Terre veut plus : prendre en garantie toute la compagnie qui fait escorte au Maréchal, non point en otage celle-ci, en « pleige ». Entendons que ces chevaliers ne livreront pas leur corps, mais promettront simplement d'abandonner leur patron si jamais celui-ci vient à faillir, et de prendre parti contre lui. Ils acceptent de rendre ce devoir, qui est lui aussi d'amitié. De fait, si l'un refuse, c'est parce que le Maréchal lui a manqué, lui a causé, prétend-il, « *tant de mal qu'il est en droit de lui faire défaut en justice et de ne pas pleiger pour lui* ». Le roi répartit les cinq otages parmi ses châteaux d'Angleterre; il les y retint près d'un an prisonniers, et l'un d'eux mourut dans cette prison volontaire. Mais lorsque vint le moment où il lui fallut toutes ses forces pour reprendre la guerre contre les Gallois, il libéra les survivants. C'était son habitude, juge sévèrement le récit : « *il tenait ses prudhommes loin de lui jusqu'aux grands besoins* ».

Le très grand besoin survint précisément en 1213. Philippe Auguste s'apprêtait à envahir l'Angleterre, à la soustraire, avec l'accord du pape, au roi

Jean excommunié. Guillaume revient d'Irlande, toujours loyal; « *il ne regardait pas à la cruauté du roi* ». Mais il obtient que ses deux fils soient relâchés, confiés à Jean d'Early, c'est-à-dire à son double. Il est maintenant très âgé, beaucoup trop pour être utile à Bouvines, ou bien à la Roche-aux-Moines, sur les deux champs où va se jouer la grande partie entre les rois rivaux. Restent ses fils, ses suppléants naturels. L'aîné s'est éclipsé. Faute de mieux, Jean Sans Terre prend le second, l'emmène avec lui en France guerroyer, malgré son père qui, flairant le vent, voudrait le garder aussi et le prétend « *trop tendre à mener en lointain pays* ». De fait, le cadet tomba malade, faillit mourir, ne survécut que par hasard. Mais de l'aîné, son père se sert. Pour mener plus aisément son jeu sur plusieurs tableaux, parmi ses fidélités multiples. Après les revers, en 1215, le baronnage est en révolte. L'auteur de la chanson préfère « *trépasser* », dit-il, sur ce temps de discorde et de trouble, affirmant que, « *de tout ce mal, rien ne fut fait qui vînt du Maréchal* ». De lui-même, peut-être. Nous n'en savons rien. Il est sûr en tout cas que Guillaume le Jeune, son héritier et successeur, prit aussitôt le parti des rebelles, avec un autre Guillaume « *qu'il aimait comme un frère* », Guillaume Longue Epée, le comte de Salisbury, frère bâtard du roi Jean. Et lorsque, l'an suivant, le prince Louis, fils de Philippe Auguste, débarqua en Angleterre, le vieux Maréchal ne se compromit point. Il lui suffit que son fils aîné fût l'un des premiers à prêter hommage à l'envahisseur, pour les fiefs de Normandie, justement.

Double jeu? C'est bien certain. Mais il est non moins certain que Guillaume ne trahit pas la foi qu'il avait jurée à Jean Sans Terre. Il ne le défia jamais. Il ne figura jamais parmi les vassaux infidèles que le texte appelle « *empris* », ces vassaux « entreprenants », en effet, s'engageant, formant conjuration contre leur seigneur, rompant avec lui délibérément, ouvertement, comme l'avait fait Guillaume de Briouze, comme l'avaient fait envers Philippe Auguste le comte de Flandre et Renaud de Dammartin, les vaincus de Bouvines. Lui accepta de fournir tous les otages, tous les garants que le seigneur de ses fiefs exigeait, accepta de comparaître devant la cour de ce seigneur, d'y être jugé par ses pairs, et s'il ne le fut jamais, c'est qu'il était dans son bon droit, que nul champion n'osa prendre le risque de lui disputer ce droit évident selon les liturgies redoutables du duel judiciaire : le Maréchal se retranchait derrière la loi non écrite qui obligeait l'homme bien né à ne trahir aucune des amitiés qui le liaient, quitte à ne rien faire, à demeurer les bras croisés tandis que ses divers seigneurs s'affrontaient, ou bien à laisser agir d'autres, un familier comme Jean d'Early, mieux encore ses fils, lesquels, lorsqu'ils ne servaient pas d'otages pouvaient fort bien, « amis » de leur père, affronter le front haut le seigneur de celui-ci. Ne cédant rien, louvoyant, tenant serré sa fructueuse épouse, Guillaume demeura donc persuadé de sa loyauté. Parce qu'il se trouvait désormais nanti, au terme d'une très longue attente, et qu'il ne voulait rien risquer, prudent, de ce qu'il tenait enfin; peut-être parce qu'il était maintenant trop âgé, passé la soixantaine, pour se lancer de nouveau dans la grande aventure, il réussit à s'épargner, sans rien renoncer de sa franchise, la « grande honte ». Celle d'un Robert, comte d'Alençon, par exemple, qui « *lorsque le roi* (Jean) *lui eut donné de son avoir et l'eut baisé sur la bouche, le jour même l'abaissa. Tantôt en cette jour-*

née, il fit la mauvaise tournée, se tourna au roi de France, lui fit hommage et alliance, et mit les Français en sa ville. Honteux qui de bon gré devient vil ».

*

En 1216, au mois d'octobre, la plus grande part de ses barons et de ses chevaliers l'ayant abandonné, s'étant ralliés au prince Louis, Jean Sans Terre mourait presque seul à Gloucester. Parlant comme tout moribond doit le faire, se repentant, requérant selon l'usage le pardon de ceux qu'il avait lésés. Mentionnant en premier lieu le Maréchal, affirmant que celui-ci l'avait loyalement servi, priant ses derniers amis de remettre son fils en sa garde, comme au seul capable de défendre son héritage. Cet enfant – il avait neuf ans – se trouvait en sûreté dans le château de Devizes avec le trésor. Dès que son père eut rendu l'âme, ses quelques partisans partirent l'y prendre. Guillaume était aux aguets, il partit aussi, les rejoignit dans la plaine de Malmesbury, trouva le petit Henri dans les bras d'un sergent royal, son « *maître* », et comme sa nourrice. « *Bien enseigné* », l'héritier tint parfaitement son rôle, prononça clairement la formule apprise, dit qu'il se rendait à Dieu et au Maréchal afin que celui-ci, pour Dieu, à la place de Dieu, le prenne en garde. L'enfant pleurait, ceux qui étaient alentour pleuraient de pitié, et Guillaume lui-même, de pitié, tendrement. Si jeune fût-il, il fallait au nouveau roi d'Angleterre une épée. Par conséquent, l'adouber. Ce que fit tout uniment le Maréchal : il lui était arrivé déjà d'adouber un roi. Revêtu de parures royales ajustées à sa taille, le petit garçon « *chevalier fut, petit et beau* ». On le porta d'abord dans la cathédrale de Gloucester, où il fut oint de l'huile sainte et couronné, puis dans la chambre, et, le délivrant là des vêtements du sacre qui pesaient vraiment trop, tous passèrent alors dans la salle et mangèrent.

Prendre en bail, en sa tutelle, l'orphelin, c'est-à-dire le royaume, en assumer la régence, lui si vieux, le comte Maréchal hésite. Ce soir-là, dans son logis du château de Gloucester, il s'est retiré avec ses trois plus proches : Jean son neveu, sir Raoul Musard, le gardien du château, et enfin Jean d'Early. Le premier conseille d'accepter; on doit mener à bien ce que l'on a commencé : « *Faites-le, Dieu vous aidera, et vous en tirerez grand honneur.* » Le second conseille d'accepter : « *Vous pourrez, s'il vous plaît, faire riches hommes toute votre gent, et d'autres, et nous-mêmes qui sommes ici.* » Mais Jean d'Early, lui, ne sait que dire : « *Je vois votre corps affaibli par la fatigue et la vieillesse. Et le roi n'a guère d'argent. Je crains la peine, le dur ennui.* » Pourtant, le lendemain, et peut-être bien parce que le légat du pape a su parler d'expiation, de rédemption, affirmer que Dieu lui remettrait ses péchés s'il décidait de s'infliger, si près du trépas, telle pénitence, le Maréchal prend le pouvoir qu'on lui offre. Il en use aussitôt. De l'argent, cet « avoir » dont Jean Sans Terre avait, à la fin, si cruellement manqué que tous, pour cela, s'étaient écartés de lui, il en fait. Il disperse tous les bijoux rassemblés dans les coffres à Devizes : trente-trois saphirs, quinze diamants – ce qui vaut cinq cent quarante livres – à tel capitaine de mercenaires, six rubis, sept saphirs pour payer les garnisons de Devizes et de Windsor et, pour celle de Douvres qui résiste aux Français, soixante-trois émeraudes de second choix, trente-trois saphirs, dix-neuf rubis, neuf grenats. Et, n'ayant plus assez de pierreries, il ordonne de vendre les étoffes de soie, puisqu'il faut régler ces pensions que l'on nommes fiefs de bourses, satisfaire tous ceux qui ne servent qu'en raison d'elles. Tout cela permet de tenir.

Elever les siens, il en prend le même soin, livre à son fils aîné – qui a rejoint son camp, lâchant le prince Louis, puisque l'amitié de parenté prend toujours le pas sur l'amitié vassalique – la monnaie de Londres, celle de Winchester, celle de Durham, de Canterbury, d'York, toutes, et encore la garde – c'est-à-dire l'exploitation – des fiefs confisqués aux rebelles, enrichit son neveu Jean, enrichit Jean d'Early. Reste l'honneur. Il le moissonne à larges brassées. En effet jamais, de toute sa vie, son cri de guerre, sa devise : « *Dieu aide le Maréchal* », n'a semblé mieux appropriée. Le Ciel est de son côté, qui assiste toujours les protecteurs des orphelins. Et le Ciel manifeste sa faveur avec éclat à Lincoln, dans l'été 1217, en lui donnant la victoire.

Une bataille, une de ces très rares épreuves où deux parties en discorde, après de longs affrontements, décident de s'en remettre à Dieu, à son jugement, lançant toutes leurs forces l'une contre l'autre comme se lancent les champions lors d'un duel judiciaire. Le seigneur Dieu révèle ce jour-là ses desseins en désignant le vainqueur et dans quel camp est le bon droit. Pour le Maréchal, Lincoln est le Bouvines que son grand âge lui a fait manquer. Il tient ici la place de l'un des rois. Sa fonction est donc d'abord, en officiant principal, de parler, de soulever les courages par des harangues successives, montrant dans l'adversaire le mal incarné, l'irrespect, le sacrilège, répétant ce qui se dit toujours, d'âge en âge, sur le front des troupes apeurées à l'instant de l'engagement décisif. « *Pour défendre notre valeur, pour nous, pour ceux qui nous aiment, pour nos femmes et nos enfants, pour la défense de nos terres, pour conquérir le très haut honneur, pour la paix de l'Eglise aussi, pour la rémission de nos péchés, soutenons bien le poids des armes... Vous êtes la demeurance du pays... Voyez ceux-là, dans votre main. Ils sont à nous si le cœur et le hardîment ne vous font défaut. Si nous mourons, Dieu nous mettra dans son paradis. Si nous les vainquons, nous aurons acquis honneur durable pour nous et notre lignage. Ils sont excommuniés, et ceux qui recevront de mauvais coups iront en enfer. »*

Pourtant, tout perclus qu'il est, il tient à prendre part au combat, lace le heaume, éperonne son cheval comme autrefois, « *aussi léger qu'émerillon* ». Il s'avance au premier rang. Il fait si bien qu'il saisit au frein le cheval du chef adverse, de celui qui, sur l'autre bord, tient aussi la place du roi, ou plutôt du prétendant roi, du prince Louis qui pour l'instant assiège Douvres. C'est un baron, l'un de ses pairs, le comte du Perche. Il va le capturer. Ce sera sa dernière prise, la plus glorieuse. Mais voici que par mégarde, glissant sur les parois du casque, un épieu vient percer l'œil du comte qui s'effondre et meurt. Seule mort, dans la chevalerie, durant cette âpre journée, avec celle du mâladroit qui l'a blessé et d'un troisième. Le roi est mat, la partie gagnée et la bataille parfaitement réussie, mieux que Bouvines où le meneur de l'armée vaincue parvint à s'enfuir. Comme de toutes les batailles, l'issue de celle-ci suffit à tout renverser d'un coup. L'enfant-roi ne craint plus rien et les Français n'ont plus qu'à partir. Mais l'honneur commande encore au Maréchal de traiter ceux-ci de son mieux. En amis qu'ils sont de longue date, et comme, jadis, au soir des tournois, il traitait les chevaliers qu'il avait pris. Largesse sied après prouesse. Il tient à escorter lui-même jusqu'à la côte Louis de France qui se retire. Le beau geste. Beaucoup le jugèrent trop beau. Il choqua. L'intérêt de l'Etat n'imposait-il pas de laisser un moment au rebut, parmi les vieilleries, les attitudes chevaleresques ? Vingt ans plus tard, Henri III devait affirmer devant Gauthier, le troisième fils du Maréchal et son successeur après ses frères aînés défunts, que son père l'avait trahi : il aurait dû tenir en raide prison le prince Louis et ses barons. Beaucoup pensaient ainsi, certains depuis 1205, depuis que Guillaume avait mis ses mains dans celles de Philippe Auguste pour ne pas perdre Longueville, l'accusant depuis lors d'aimer trop les Français pour tenir loyalement ses engagements envers Jean Sans Terre. Mathieu Paris, le chroniqueur, exprime l'opinion commune lorsqu'il présente le roi de France, averti de la défaite de Lincoln, interrogeant les messagers, s'inquiétant : le roi Jean est-il bien mort ? Son fils est-il couronné ? Et le Maréchal, vit-il toujours ? Oui ? « *Alors, je ne crains rien pour mon fils.* » Et si Guillaume le Jeune mit tant de soin à ce que le panégyrique de son père fût si superbement rimé, ce fut sans nul doute pour tenter de le disculper, pour le laver du soupçon de déloyauté.

Le Maréchal fut-il grisé ? Emporté par la joie de remplacer inopinément, en situation de souverain d'Angleterre, cet homme incertain, Jean Sans Terre, qu'il avait servi chichement, à contrecœur, car il le haïssait sans le dire trop haut ? Non point. En toute honnêteté, Guillaume demeura fidèle à sa morale. C'était celle de la chevalerie. Le second soir, à Gloucester, venant d'accepter la régence, dans sa chambre, devant les trois mêmes amis, le cœur, brusquement, lui avait « *germé* ». Fondant en larmes, il se voyait, disait-il, comme en haute mer, perdu, « *ne trouvant plus ni fond ni rive* ». Pour le tirer de cette angoisse, Jean d'Early lui avait remontré que ce serait, au pire, grand honneur, grande joie, grande hautesse, même si tous les barons anglais tournaient, devenaient « empris », se rendaient à Louis de France, et s'il fallait s'enfuir jusqu'en Irlande avec Henri l'enfant. Et tout d'un coup, Guillaume s'était ressaisi : « *Savez-vous ce que je ferai? Sur mon cou je le porterai. D'île en île...* » Ce dernier rôle lui plaisait, il allait finir ses jours en saint Christophe. Du fin fond de sa mémoire lui remontait un souvenir de la plus haute enfance, du temps qu'il jouait, plus tendre encore que ne l'était le petit Henri, dans les bras du roi d'Angleterre d'alors. Voici qu'il tenait le roi d'Angleterre d'aujourd'hui dans ses bras, c'est-à-dire la puissance au niveau le plus élevé qu'elle puisse atteindre en ce bas monde. Apothéose. Pendant deux ans, il put faire ce qu'il voulut. Mais agissant comme il n'avait cessé d'agir, selon les règles de l'honneur chevaleresque. En simple chevalier.

Il n'avait jamais été que cela. Cadet sans avoir. Devenu riche homme et baron, mais en gardien de sa femme et des fils de celle-ci. Investi du pouvoir royal, mais en gardien du roi trop jeune. Sans avoir imaginé qu'il accéderait à ce degré de pouvoir. Sans être formé pour l'exercer et sans titre pour le faire qui lui vînt de son sang ni de la liturgie des prêtres. Sans autre qualité – et ceux qui, parlant pour lui, reprenant ses propres paroles, exprimant ce dont il était lui-même persuadé, célébrèrent ses vertus, n'ont jamais rien voulu dire d'autre – que d'être réputé le meilleur chevalier du monde. Ce fut à cette excellence, à elle seule, qu'il dut de s'élever si haut. Grâce à ce grand corps infatigable, puissant, habile dans les exercices cavaliers, grâce à cette cervelle apparemment trop petite pour entraver par des raisonnements superflus le naturel épanouissement de sa vigueur physique : peu de pensées, et courtes, un attachement têtu, dans sa force bornée, à l'éthique très fruste des gens de guerre dont les valeurs tiennent en trois mots : prouesse, largesse et loyauté. Grâce à sa longévité, surtout, merveilleuse. Ne touchons-nous pas ici à l'essentiel? Dans la personne de Guillaume le Maréchal, dans cette charpente indestructible survivait le XIIe siècle de ses exploits, de ses trente ans, celui de l'exubérance tumultueuse, celui de Lancelot, de Gauvain, des chevaliers de la Table Ronde. Le bon temps, le temps dépassé. Il pouvait s'avancer paisiblement vers la mort, fier d'avoir été l'instrument de l'ultime, du très fugitif, de l'anachronique triomphe de l'honneur contre l'argent, de la loyauté contre l'Etat, d'avoir porté la chevalerie à sa plénitude.

Mais, depuis deux décennies, la chevalerie n'était plus, et Guillaume n'était plus lui-même qu'une forme résiduelle, comme une relique. Elle et lui, en 1219, ne pouvaient plus guère servir qu'à dresser devant les rugosités du réel l'écran trompeur et rassurant de ces vanités dont chacun, en ce moment et dans le grand monde, nourrissait en son cœur la nostalgie lancinante.

BIBLIOGRAPHIE

OUVRAGES DE GEORGES DUBY :

L'économie rurale et la vie des campagnes dans l'Occident médiéval (France, Angleterre, Empire, IXᵉ-XVᵉ siècle) (2 volumes). Aubier-Montaigne, 1962.

L'Europe des Cathédrales 1140-1280, Skira, Genève, 1966.

Fondements d'un nouvel humanisme, 1280-1440. Skira, Genève, 1966.

L'An Mil, Julliard, 1967, coll. « Archives ».

Adolescence de la Chrétienté occidentale, 980-1140, Skira, Genève, 1967.

Des sociétés médiévales (Leçon inaugurale au Collège de France à la Chaire d'histoire des Sociétés médiévales, prononcée le 4 décembre 1970), Gallimard, 1971.

Hommes et structures du Moyen Age (recueil d'articles), Mouton, Paris-La Haye, 1973.

Le dimanche de Bouvines, 27 juillet 1214, Gallimard, 1973 coll. « Les trentes journées qui ont fait la France ».

Guerriers et paysans : VIIᵉ-XIIᵉ siècle; premier essor de l'économie européenne, Gallimard, 1973.

Saint Bernard : l'art cistercien, Arts et Métiers graphiques, 1976.

Saint Bernard : l'art cistercien, Flammarion, 1979, coll. « Champs ».

Le temps des cathédrales : l'art et la société, 980-1420, Gallimard, 1977.

Les trois ordres ou l'imaginaire du féodalisme, Gallimard, 1978.

L'Europe au Moyen Age : art roman, art gothique (texte de la série d'émissions « Le temps des cathédrales » sur A 2 et nombreuses illustrations), Arts et Métiers graphiques, 1979.

Dialogues, avec Guy Lardreau, Flammarion, 1979.

Le chevalier, la femme et le prêtre. Le mariage dans la France féodale, Hachette, 1981.

187

EN COLLABORATION :

Collectif sous la direction de Georges DUBY.
Histoire de France (3 volumes – nouvelle éditon mise à jour),
    Larousse, 1982.

avec Andrée DUBY :

Les procès de Jeanne d'Arc, Gallimard-Julliard, 1973, coll.
    « Archives ».

avec Robert MANDROU :

Histoire de la civilisation française. Armand Colin, 1969 (réédition
    revue et corrigée).

sous la direction de Georges DUBY :

Atlas historique Larousse, Larousse, 1978.
Histoire de la France rurale (4 volumes), Le Seuil, 1975-1978.
Histoire de la France urbaine (4 volumes parus), Le Seuil, 1980-
    1983.

Georges DUBY a édité
avec Jacques LE GOFF :

Le Colloque sur « *Famille et parenté dans l'Occident médiéval* »
    (Collège de France et Ecole française de Rome), diffusion : de
    Boccard, Paris, 1977.

OUVRAGES SUR GUILLAUME LE MARÉCHAL :

Histoire de Guillaume le Maréchal (Ed. P. Meyer) (3 volumes),
    Société de l'Histoire, Paris, 1891-1901.
Sidney PAINTER, *William Marshall*, Baltimore, 1933.
Anton RIEDEMANN, Lehnwesen und höfisches Leben in der alt-
    französischen « *Histoire de Guillaume le Maréchal* ». Ein Bei-
    trag zur Kulturgeschichte Frankreichs und Englands um die
    Wende des 12. Jahrhunderts, Bottrop, 1938.

OUVRAGES GÉNÉRAUX SUR L'ÉPOQUE :

G. W. S. BARROW, Feudal Britain, *The complexion of the mediaeval Kingdom : 1066-1314*, Londres, 1956.

J. H. BEELER, *Warfare in England, 1066-1189*, Ithaca, New York, 1966.

Marc BLOCH, *La société féodale*, 2 vol., Paris, 1939-1940.

Jacques BOUSSARD, Le gouvernement de Henri II Plantagenêt, Abbeville, 1946.

J. A. BRUNDAGE, Richard Lion Heart : a Biography, New York, 1974.

Philippe CONTAMINE, *La guerre au Moyen Age*, Paris, 1980.

Robert FOSSIER, *Enfance de l'Europe, Aspects économiques et sociaux*, 2 volumes, Paris, 1982.

Maurice KEEN, *Chivalry*, Yale et Londres, 1984.

Jacques LE GOFF, *La civilisation de l'Occident médiéval*, Paris/Grenoble, 1964.

J. LE PATOUREL, *The norman empire*, Oxford, 1976.

Achille LUCHAIRE, *Louis VII, Philippe Auguste, Louis VIII* (1137-1228), tome III, 1 de l'Histoire de France, de LAVISSE, Paris, 1901.

Sidney PAINTER, *French Chivalry, chivalric ideas and practices in mediaeval France*, Baltimore, 1940.

Jean-Pierre POLY et Eric BOURNAZEL, *La mutation féodale* (Xe-XIIe siècle), Paris, 1980.

A. L. POOLE, *From Domesday Book to Magna Carta*, 1087-1216 (2e édition), Oxford, 1955.

Impression Brodard et Taupin
à La Flèche (Sarthe),
le 24 janvier 1986.
Dépôt légal : janvier 1986.
Numéro d'imprimeur : 6941-5.
ISBN 2-07-032344-7 / Imprimé en France

37032